MARCO POLO

KALI FOR NIEN

MARCO POL
Karl Teus

„Was jetzt in … rnien angesagt ist, gibt es übermorgen im Rest der Welt." Die neuen Trends, die von hier kommen, und vor allem die großartige Natur begeistern den Autor seit seinem Stipendienjahr an der renommierten UCLA-Hochschule – und ziehen ihn regelmäßig wieder hierher. Als Nordamerika-Korrespondent von „GEO Saison" lebt er heute in München und Vancouver.

DIE TOUREN-APP

zeigt mit den Erlebnistouren wo's langgeht.
Inklusive Tourenverlauf und Offline-Karte.

EVENTS & NEWS

schnell die wichtigsten Infos auf dem Smartphone:
Events, News, neue Insider-Tipps und ggf. aktualisierte Erlebnistouren als PDF zum Downloaden

HOLEN SIE MEHR AUS IHREM MARCO POLO RAUS!

SO EINFACH GEHT'S!

1 go.marcopolo.de/klf

2 downloaden und entdecken

GO!

OFFLINE!

SYMBOLE

- INSIDER TIPP — Insider-Tipp
- ★ — Highlight
- ●●●● — Best of ...
- Schöne Aussicht
- Grün & fair: für ökologische oder faire Aspekte
- (*) Kostenpflichtige Telefonnummer

PREISKATEGORIEN HOTELS

€€€	über 200 Euro
€€	110–200 Euro
€	bis 110 Euro

Die Preise gelten für ein Doppelzimmer pro Nacht ohne Frühstück

PREISKATEGORIEN RESTAURANTS

€€€	über 32 Euro
€€	18–32 Euro
€	bis 18 Euro

Die Preise gelten für ein Hauptgericht mit Suppe/Salat am Abend, mittags ist es meist deutlich günstiger

 Titelthemen: Highway 1 entlang der Pazifikküste S. 60 | Heimat der Stars S. 76 und 78

KARTEN IM BAND
(136 A1) Seitenzahlen und Koordinaten verweisen auf den Reiseatlas
(142/143 A1) Karte von Los Angeles
(U A1) Koordinaten für die Karte von San Francisco im hinteren Umschlag
Es sind auch die Objekte mit Koordinaten versehen, die nicht im Reiseatlas stehen

(🗺 A–B 2–3) verweist auf die herausnehmbare Faltkarte
(🗺 a–b 2–3) verweist auf die Karte von San Francisco auf der Faltkarte

UMSCHLAG VORN:
Die wichtigsten Highlights

UMSCHLAG HINTEN:
Karte von San Francisco

Die besten MARCO POLO Insider-Tipps

Von allen Insider-Tipps finden Sie hier die 15 besten

INSIDER TIPP Fernblick vom Steilhang
Fast 1000 m hoch steht man am *Glacier Point* über der Talsohle des Yosemite National Park (Foto o.). Die lange Anfahrt scheuen viele Besucher, aber es lohnt sich → S. 71

INSIDER TIPP Die Wüste lebt
Erleben Sie Kängururatten und Schlangen in den Kakteengärten des *Living Desert*, Palm Springs. Am Spätnachmittag werden die Tiere aktiv → S. 94

INSIDER TIPP Wildeste Achterbahnen
In *Knott's Berry Farm* bei Anaheim geht's im freien Fall in den Abgrund. Der Glanz des Nachbarn Disney überstrahlt Knott's etwas, aber die Fahrattraktionen lohnen sehr → S. 89

INSIDER TIPP Appetit auf Tacos?
Die Stände im quirligen *Grand Central Market* in Los Angeles servieren die besten mexikanischen Snacks – und Sie sind wahrscheinlich die einzigen Gringos hier → S. 77

INSIDER TIPP Amerika pur
Traditionell und sehr amerikanisch: Jahrmärkte wie der *San Diego County Fair* (Foto re.) wirken so retro, als wären sie in den 1960er-Jahren stecken geblieben. Herrlich kitschig, und oft gibt es auch eine Parade → S. 120

INSIDER TIPP Caffè Latte mit Blick über die Bucht
Samstagmorgen ist der *Farmer's Market* der Biobauern Nordkaliforniens am Ferry Building in Francisco beliebt als Treff. Vom Ufer der Bay bietet sich hier eine schöne Aussicht über die Bucht und auf die Oakland Bay Bridge → S. 40

INSIDER TIPP Tief im Wald bei Winnetous Erben
Mit schrillen Schildern und Riesenfiguren wirkt im Redwood National Park die Attraktion *Trees of Mystery* wie eine Touristenfalle. Aber das altmodische, kleine *Indianermuseum* innen ist wirklich sehenswert – und sogar ganz kostenlos → S. 48

INSIDER TIPP Bummel auf der Plaza
In *Sonoma* trifft man sich auf dem Stadtplatz, der mit viel Charme der Pionierzeit bezaubert → S. 54

INSIDER TIPP Willkommen zur Weinprobe
Das *Edna Valley* bei San Luis Obispo ist vielleicht das neue Napa Valley – die Weine der noch wenig bekannten Kellereien hier schmecken hervorragend → S. 67

INSIDER TIPP Avantgardekunst
Die *Bergamot Station* in Santa Monica: eine witzige Mischung aus schrägen Trendläden, Cafés und kalifornischer Kunst, die etwas abseits der touristischen Pfade liegt → S. 76

INSIDER TIPP Stars gucken
Ganz oben sind sie vielleicht in einigen Jahren, aber noch kellnern die jungen Talente im schrägen Retrolokal *Mel's Drive-In* am Sunset Boulevard in L. A. oder sitzen am Tresen → S. 82

INSIDER TIPP Adrenalin pur
Auch Nichtflieger dürfen im *Tandemflug* über Santa Barbara schweben und sich über Ausblicke freuen, wie sie wenige Besucher Kaliforniens ermöglicht bekommen → S. 114

INSIDER TIPP Im Galopp durch die Dünen
Nichts ist schöner, als an einem klaren Morgen am Meer auszureiten. Der *Salinas River State Park* bei Monterey ist dafür eine herrliche Kulisse → S. 115

INSIDER TIPP Love and Peace
Auf den Spuren der Flower Children geht's mit spannenden Geschichten über Janis Joplin und die Grateful Dead durch *Haight-Ashbury* in San Francisco → S. 39

INSIDER TIPP Steaks am Highway
Das Steakhaus *AJ Spurs* in Buellton serviert Westernflair und bestes Fleisch nur 100 m von der nach Santa Barbara führenden US 101 → S. 69

BEST OF ...

TOLLE ORTE ZUM NULLTARIF

Neues entdecken und den Geldbeutel schonen

SPAREN

Riesenräder im Cable Car Museum

Die Fahrt mit den ratternden Cable Cars (Foto) in San Francisco ist nicht billig. Kostenlos aber ist das *Cable Car Museum*, wo gewaltige Räder die kilometerlangen Kabel antreiben. Ein quietschendes, fauchendes Relikt des Industriezeitalters – beeindruckend → S. 35, 117

Gratis ins Fernsehen

Die Starrollen sind besetzt, aber immerhin als Zuschauer können Sie in Hollywood ohne viel Aufwand ins *Fernsehen* kommen. TV-Studios suchen ständig Applaudierer für Spielshows etc. Einige Jahre später kommt die Serie vielleicht ins heimische Fernsehprogramm → S. 78

Viktorianische Stadtansichten

Eigentlich müsste ein Örtchen wie *Ferndale* Eintritt verlangen, so verspielt ist es. Tut es aber nicht, so dürfen Sie die viktorianische Architektur der Holzbarone ganz umsonst genießen → S. 47

Kunst für lau – in Los Angeles

Die spektaktuläre Architektur und die Werke des besten Kunstmuseums Kaliforniens können Sie tatsächlich gratis auf sich wirken lassen – dank Herrn Getty. Der milliardenschwere Stifter des *Getty Center* wollte allen Menschen Zugang zur Kunst ermöglichen. Ebenso großartig ist von hier aus der Panoramablick über L. A. → S. 78

Freifahrt in den Wilden Westen

Fotoapparat gezückt? Der *Highway 49* durch das Gold Country schlängelt sich durch die urigsten Westernstädtchen der Goldrauschzeit. In Jamestown oder Columbia meint man sich stracks in die Pioniertage versetzt – wenn nur die Souvenirläden nicht wären → S. 58

Schrille Show

Die traditionellen *Pride Days* der Schwulen und Lesben sind ein Erlebnis und die herrlich phantasievollen Kostüme bühnenreif – und das ohne Eintritt. Am stimmungsvollsten sind die Paraden Ende Juni in San Francisco und West Hollywood → S. 120

Diese Punkte zeichnen in den folgenden Kapiteln die Best-of-Hinweise aus

TYPISCH KALIFORNIEN

Das erleben Sie nur hier

Per Pedalkraft übers Golden Gate

Erst auf einer Radtour (oder auch zu Fuß) über die *Golden Gate Bridge* werden Ihnen die Dimensionen der berühmten Brücke klar. 80 m über der Meerenge liegt die Fahrbahn, und der Wind pfeift kalt. Trotzdem toll! → S. 37

Puder und Pomade

Warum sehen Stars im Film so gut aus? Im *Hollywood Museum* erhalten Sie tiefe Einblicke in die Arbeit der Visagisten – und in das Leben berühmter Stars → S. 79

Der heilige Berg

Esoterischer geht's in Kalifornien nicht: Der Ort *Mount Shasta* ist Tummelpunkt von Ashram-Jüngern, interstellaren Besuchern und Naturphilosophen. Wenn Sie kein Interesse an Außerirdischen haben, die hier am Fuß des schneebedeckten Vulkans (Foto) landen sollen, können Sie auch den Gipfel erstürmen → S. 50

Seh-Fahrt auf dem Highway 1

Für viele ist Kaliforniens Küste die schönste der Welt. Dem werden Sie bei einer Fahrt auf dem *Highway 1* um die Klippen von Big Sur zustimmen. Jede Kurve eröffnet ein neues Panorama, einen neuen dramatischen Steilhang, einen neuen felsgesäumten Strand → S. 60

Die Superlative aller Aquarien

Ab in die kalifornische Unterwasserwelt: Im *Monterey Bay Aquarium* befinden Sie sich auf Augenhöhe mit Haien, Tiefseefischen und leuchtenden Quallen. Zudem: ein dreistöckiger Wald aus Seetang! → S. 63

Tal des Todes

Über 50 Grad im Schatten, 90 Grad in der Sonne sind im tiefsten Teil des *Death Valley* nicht selten. Die flirrende Salzwüste von Badwater liegt fast hundert Meter unter dem Meeresspiegel und garantiert ein heißes Naturerlebnis → S. 90

Die perfekte Welle

Braun gebrannte Girls und athletische Beachboys, bunte Szene in Braukneipen und Cafés: *Huntington Beach* ist der gepiercte Nabel der kalifornischen Surferszene. Ganz gleichmäßig rollen die Wellen an – perfekt für eine Übungsstunde → S. 93, 115

TYPISCH

BEST OF ...

SCHÖN, AUCH WENN ES REGNET

Aktivitäten, die Laune machen

REGEN

● ***Bei Regen in den Regenwald***
Nieselwetter in San Francisco? Dann durchstreifen Sie doch den Regenwald der *California Academy of Sciences:* Aquarium, Planetarium, Tropenhaus und Naturkundeshow in einem – und die Ikone grüner Technologie in Kalifornien → S. 35

● ***Edle Tropfen***
Wein verkosten im Sonoma oder Napa Valley geht gut auch ohne Sonne. Der *Oxbow Public Market* im Ort Napa bietet als Abwechslung dazu Austern, Käse und Wein-Nippes → S. 53

● ***Per Bahn zum Goldrausch***
Was wäre der Wilde Westen ohne Eisenbahn gewesen? Das riesige *California State Railroad Museum* in Sacramento bewahrt die schönsten alten Loks und die Luxuswaggons der reichen Goldgräber. Alles schön im Trockenen → S. 65

● ***Zeitreise in die Urwelt der Redwoods***
Wie Kulissen aus „Herr der Ringe" wirken die Baumriesen im *Prairie Creek Redwoods State Park* (Foto). Nebelfetzen treiben zwischen den massigen Stämmen, es tropft von sattgrünen Zweigen. Eine Regenjacke reicht, um in diese geheimnisvolle Urwelt einzutauchen → S. 47

● ***Im Bauch eines Flugzeugträgers***
Wann hat man in seinem Leben schon mal die Chance, einen Flugzeugträger zu besichtigen? Im Hafen von San Diego lädt die *USS Midway* zu Allwettertouren durch das gewaltige Schiff → S. 97

● ***Abtauchen in die Tangwälder***
Unter Wasser ist Regen egal: Unternehmen Sie mit Truth Aquatics ein- und mehrtägige Tauchtouren in die spektakulären Tangwälder des *Channel Islands National Park* vor der Küste bei Santa Barbara. Wenn Sie auftauchen, scheint garantiert wieder die Sonne → S. 69

ENTSPANNT ZURÜCKLEHNEN

Durchatmen, genießen und verwöhnen lassen

ENTSPANNT

Meeresrauschen

Falls sich nicht gerade ein Paar das Jawort gibt, können Sie auf den Klippen des *Patricks Point State Park* wunderbar einsame und entspannende Stunden genießen. Allerdings ist es nicht still, denn der Pazifik kracht mit Macht auf die wild zerklüfteten Felsen → S. 48

Wellness mit Vulkanasche

Haben Sie Lust auf ein Schlammbad in Vulkanasche und Torf? Im Örtchen Calistoga am Nordende des Napa Valley sind dies die traditionellen Spa-Behandlungen des *Indian Springs Resort & Spa*. Doch das Spa-Angebot in Kalifornien hat noch mehr zu bieten ... → S. 53, 115

Vom Winde verweht

In *Bodie*, der wohl fotogensten Geisterstadt der Sierra Nevada, scheinen die Geister des Wilden Westens noch ganz nah. Setzen Sie sich irgendwo in eine Ecke des verlassenen Kaffs, schließen Sie die Augen und lauschen Sie dem Wüstenwind → S. 73

Almwiesen-Idylle im Yosemite Park

Höher geht es kaum in Kalifornien: Die blühenden Bergwiesen unterhalb des *Tioga Pass* im Yosemite National Park sind ideal für ein Picknick und ein anschließendes Nickerchen in der Sonne → S. 71

Boardwalk in Venice Beach

Machen Sie es sich auf einer der Bänke am Ocean Front Walk von *Venice Beach* gemütlich, und lassen Sie die schrille Parade der Angelenos wie auf einer Freiluftbühne an Ihnen vorbeiziehen. Wenn es einen Ort gibt, an dem Kalifornien seine ganze kreative Skurrilität zur Schau stellt, dann ist das Venice Beach am Wochenende (Foto) → S. 81

Entspannung on the Rocks

Duftender Salbei, sonnendurchwärmte Granitfelsen, der Schrei eines Falken in der Ferne: Es gibt kaum etwas Beruhigerendes, als am späten Nachmittag irgendwo im Felslabyrinth des *Joshua Tree National Park* nahe Palm Springs zu sitzen → S. 95

AUFTAKT

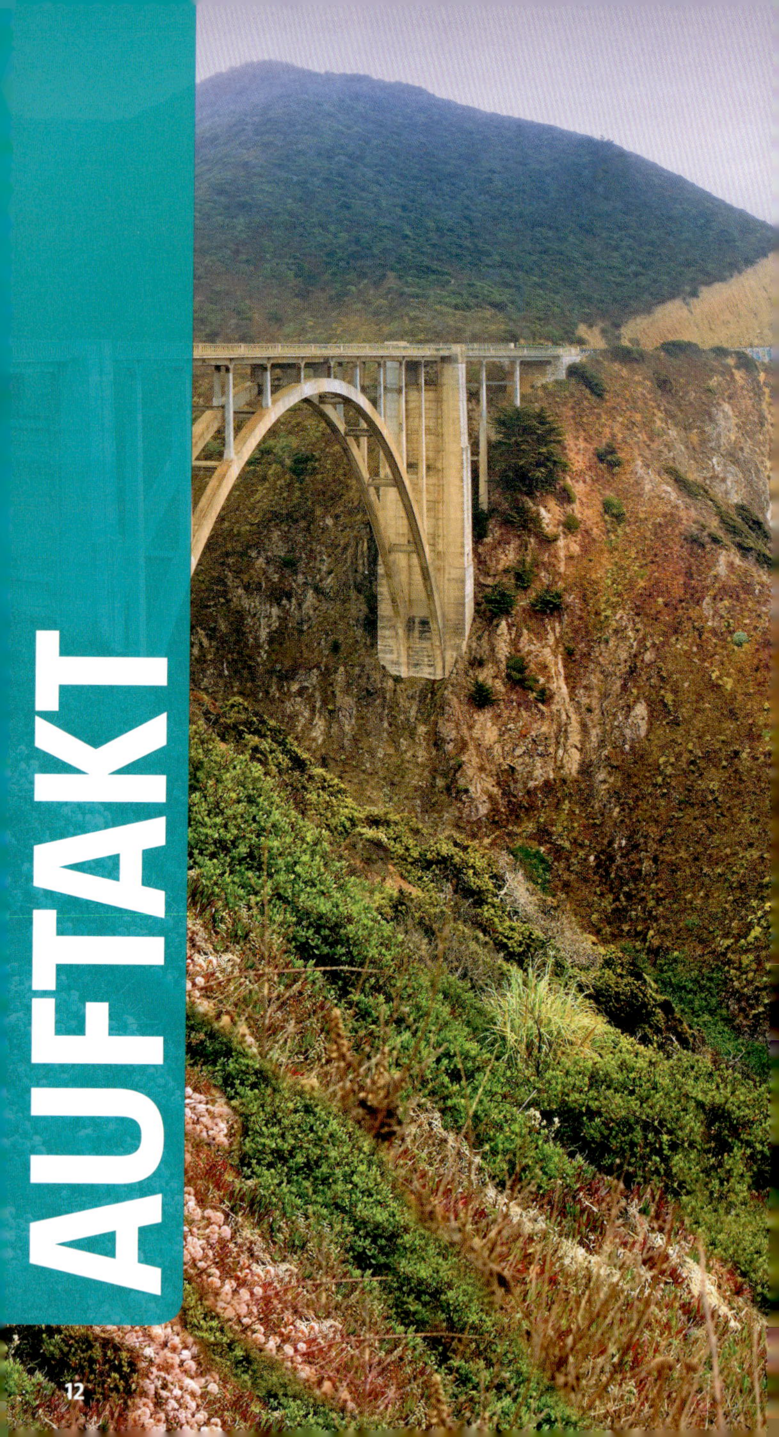

QUITTUNG

C. Böhnert GmbH
Bücher Papeterie Schulbedarf
Im Mitteldorf 2
30938 Burgwedel
Tel: 05139-2380

03.01.19/0095 15:10 Kasse: 02 EUR

Artikel Mg.	Preis	MwSt.	Summe
WGR 1502 Lamy			
1	6,90	19,00%	6,90
Adams/Kosmos Gartenbibel			
WGR 1103 978-3-440-15625-4			
1	19,99	7,00%	19,99
Teuschl/MARCO POLO Reiseführer Kaliforni			
WGR 1051 978-3-8297-2789-1			
1	12,99	7,00%	12,99

TOTAL	3,26	39,88
Nettoentgelt: EUR 36,62		
davon 7,00% :	2,16	32,98
davon 19,00% :	1,10	6,90

GEGEBEN Bar	50,00
RÜCKGELD	10,12

Vielen Dank für Ihren Einkauf!
Es bediente Sie Martina Wille
St.Nr. 16/201/36411

ENTDECKEN SIE KALIFORNIEN!

Kalifornien ist das Traumziel am Pazifik, Amerikas schönster Mix aus grandioser Natur, coolen Städten und sympathisch skurrilen Menschen. Nach dem „Westward, Ho", dem legendären Zug nach Westen, entdeckten die Pioniere in dieser Region ihr gelobtes Land. Trotz großer Mühen wurde für viele hier der amerikanische Traum Wirklichkeit. Bis heute hat dieser Landstrich zwischen Sierra Nevada und Pazifik nichts von seiner Faszination eingebüßt.

Anders als damals lässt sich die Landschaft jedoch heute bequem mit dem Auto durchfahren und genießen. Der Golden State ist das ideale ***Ziel für Individualisten***, die auf eigene Faust die Natur erleben wollen, ohne auf die Annehmlichkeiten der Zivilisation verzichten zu müssen. Ein Superlativ reiht sich in Kalifornien an den anderen. Die Berge im Nordosten, bepackt mit ewigem Eis, gehören zu den höchsten des Kontinents. Death Valley im Südosten markiert nicht nur den tiefsten Punkt von ganz Amerika, sondern auch den heißesten. Und an der Pazifikküste wachsen Bäume höher in den Himmel als ihre Artgenossen. Manche, wie die Sequoias in der Sierra Nevada im Osten, gehören dabei zu den größten und ältesten Bäumen auf der ganzen Welt.

Bild: Highway 1 entlang der Steilküste

Kaum ein Teil Amerikas wird so gepriesen wie der nach Alaska und Texas ***drittgrößte Staat der USA***. Von allem gibt es mehr als genug: mächtige Wasserfälle im Yosemite National Park und malerische Städtchen an der Küste, raue Wüstenlandschaften und fruchtbare Täler, echte Wale im Ozean und künstliche Mickymäuse in Disneyland. Auf einer Fläche etwas größer als Deutschland leben viel weniger Menschen. Von den rund 40 Mio. Einwohnern konzentriert sich mehr als die Hälfte um Los Angeles.

Unendlicher Vorrat an Sonne, Sand und Strand

Zwischen Oregon im Norden und Mexiko im Süden bleibt viel Platz für einsame Bergketten, unberührte Wälder und menschenleere Wüste. Das alles wird noch gekrönt: Der Vorrat an Sonne, Sand und Strand ist schier endlos. Wo die Natur so verschwenderisch ist, sind es auch die Menschen: Man hat Zeit. Der ***kalifornische Lebensstil*** ist betont locker und entspannt. Das Bild einer froh gelaunten Freizeitgesellschaft – hier kommt es dem Klischee am nächsten: Beachboys fahren mit dem Surfbrett im Auto zum Strand und tanzen auf den Wellen.

Kalifornien verzauberte schon vor gut 150 Jahren. Der ***Goldrausch*** lockte 300 000 Menschen aus allen Winkeln der Welt an. Zwar fanden die wenigsten das begehrte Edelmetall, doch das neue Land bot allen eine Chance – zuerst beim Bau der Eisenbahn, später im Ölgeschäft und dann vor allem in der Landwirtschaft. Die heranwachsende ***Filmindustrie***, die sich zu Beginn des 20. Jhs. in Los Angeles niederließ, machte den amerikanischen Traum *made in California* der ganzen Welt zugänglich. Nun basteln ***Hightechbranchen*** an der Zukunft. Kalifornien verfügt über die sechststärkste

25 000–12 000 v. Chr. Prähistorische Indianerstämme besiedeln von Norden her Kalifornien

1542 Juan Rodríguez Cabrillo erkundet die Gewässer nördlich von Mexiko

1769 Junípero Serra gründet in San Diego die erste von 21 Missionen an der Küste

1812 Russische Pelzhändler gründen einen Posten in Nordkalifornien

1848 Mexiko tritt Kalifornien an die USA ab. Große Goldfunde locken 300 000 Abenteurer aus aller Welt an

Jean Paul Getty sammelte rund 50 000 Kunstwerke – die meisten zu sehen im Getty Center

Wirtschaft der Welt. Jedoch hat das Modell eines verschwenderischen, liebens- und lebenswerten Lebens auch seine Schattenseiten. Die ständige ***Wasserknappheit*** schadet der Wirtschaft und dem Lebensstil. Die dem Auto huldigenden Kalifornier produzierten wuchernde Metropolen, die vor Aktivität strotzen, aber die Natur bedrohen. Kalifornien, politisch liberal und ökologisch sensibel, hat sich zwangsläufig zum Schrittmacher für umweltpolitische Neuerungen entwickelt. Die ernsthaften Ansätze für eine Stromproduktion mit Sonnen- und Windenergie weisen den Weg in die Zukunft der alternativen Brennstoffe.

Schrittmacher umweltpolitischer Neuerungen

Energie und Wasser werden auch in den kommenden Jahren die wichtigsten Themen bleiben, da die Bevölkerung stetig wächst. Mexikaner, die legal oder illegal

1850 Kalifornien wird 31. US-Bundesstaat

1869 Die Eisenbahn verbindet Ost- und Westküste

1890 Auf Drängen John Muirs, des „Vaters" der kalifornischen Naturschützer, wird das Yosemite-Tal Nationalpark

1906 Ein schweres Erdbeben zerstört in San Francisco 28 000 Häuser

1911 Die Filmindustrie etabliert sich in Hollywood und produziert 1913 den ersten Kinofilm

einwandern, verändern die ***Bevölkerungsstruktur***. Mittlerweile gelten fast 40 Prozent aller Kalifornier als *hispanics* (so die offizielle Bezeichnung). Dies lässt die Zeit der Anglo-Amerikaner fast wie eine Zwischenära erscheinen. Denn kolonialpolitisch gehörten *Baja* (das untere) *California* und *Alta* (das obere) *California* zu Mexiko und wurden mit ihm 1821 von Spanien in die Unabhängigkeit entlassen. Die aus dem Osten an den Pazifik drängenden Amerikaner betrieben die Abspaltung des Nordteils. 1846 gründeten Siedler im Schatten des mexikanisch-amerikanischen Kriegs die ***California Republic***, die wegen des Bären auf der Fahne auch als *Bear Flag Republic* in die Geschichtsbücher eingegangen ist. 1850, als mit dem Goldrausch das Interesse Washingtons am Land im fernen Westen erwacht war, wurde das junge Kalifornien der 31. Staat der USA.

Kalifornien: die Bear Flag Republic

Trotz der heute großen Anzahl an *hispanics* kommt man als Besucher mit Englisch mühelos durch. Doch für eine Reise sollte man die ***Distanzen*** und kulturellen Eigenheiten der Regionen bedenken. Eigentlich wäre jede der drei Regionen, in die man Kalifornien nach geografischen und touristischen Kriterien aufteilt, und jede der Metropolen eine eigene Reise wert. Wer jedoch die Vielfalt des Lands auf einer Rundfahrt kennenlernen möchte, kann sich eine Reise mit echten Höhepunkten zusammenstellen.

Im ruhigen, teils noch richtig einsamen Nordkalifornien warten stille Buchten am Pazifik und urweltliche ***Redwoodwälder***, dazu die faszinierenden ***Vulkangipfel*** von Mount Shasta und Cascade Range. In Zentralkalifornien dürfen Sie die Fahrt entlang der atemberaubenden ***Steilküste*** auf dem Highway 1 zwischen San Francisco und Los Angeles nicht verpassen sowie jenseits des Central Valley die hochalpine Bergwelt der Sierra Nevada mit ihren 3000 Jahre alten Mammutbäumen, berühmten ***Naturparks*** wie Yosemite und ***Geisterstädten*** aus der Goldgräberzeit. Südkalifornien schließlich lockt mit seinen ***Badestränden, Vergnügungsparks*** und wildromantischen ***Wüsten*** und ist dank seiner südlichen Lage rund ums Jahr gut zu bereisen. Das Binnenland zeigt sich zur Zeit der Wüstenblüte im März und April von seiner schönsten Seite, im Hochsommer dagegen sind die sonnverbrannten Steinwüsten des Death Valley und der Mojave-Wüste bei Temperaturen über 40 oder gar 45 Grad eher mit Vorsicht zu genießen.Die schon von den Beach Boys besungene ***Surferszene*** an den

1937 Die Golden Gate Bridge wird eröffnet

1941–45 San Francisco wird zum Stützpunkt der Pazifikflotte, in Los Angeles boomt die Flugzeugindustrie

1967 Die Hippiebewegung feiert in San Francisco ihren „Summer of Love“

2008/09 Finanzkrise, die Grundstückspreise stürzen ab

2016/17 Starke Winterregen benden eine zehnjährige Dürre und füllen die Stauseen

Kaktus? Nein, Liliengewächs! Josua-Palmlilien gaben dem Joshua Tree Nationalpark seinen Namen

Stränden zwischen San Diego und Los Angeles wiederum genießt das lockere Leben vor allem im Hochsommer und Herbst, wenn der Pazifik warm genug ist zum Baden. Und der Winter ist die schönste Zeit zum Golfen in Palm Springs oder für Wanderungen im sonst glühend heißen Tal des Todes. Nicht zu vergessen: die stimulierenden ***Super-Metropolen San Francisco*** und ***Los Angeles***. Sie liegen nahe genug beieinander, um sie auf einer einzigen Reise kennenzulernen, doch weit genug voneinander entfernt, um ihre unterschiedlichen Charaktere zu wahren: Die innovative Stadt am Golden Gate gibt sich eher europäisch und kultiviert, ist stolz darauf, die Wiege von Internet, Google und iPad zu sein. Die Entertainmentgroßstadt eine Tagesreise weiter südlich hingegen versteht sich als Drehscheibe für Extrovertiertes, Show und Glamour.

Stimulierende Super-Metropolen

Kein Wunder also, dass Kalifornien immer weltoffen war und auch heute noch ist, und dass Einwanderer und Gäste hier sehr gern gesehen werden. Sie bringen Ideen und Arbeitskraft. Kalifornien hat ***keine Angst vor fremden Kulturen und Einflüssen***, sondern greift Neues auf und macht seine eigenen Trends daraus. Es holte sich das Surfen aus Hawaii und die Filmindustrie von der Ostküste. Es verwandelte das japanische Sushi in die California Roll und die europäischen Rollschuhe in Inlineskates. Und heute strömen ***die kreativsten Köpfe aus aller Welt*** in Richtung Silicon Valley. Mal sehen was Kalifornien als Nächstes hervorbringt – ein neues Sportgerät, einen neuen Foodtrend, eine coole Shoppingidee oder Hiking-App. Halten Sie bei der Rundfahrt schon mal die Augen offen.

1 Mehr als Sushi

Japanisch essen = Sushi? Nicht unbedingt. In Kalifornien ist ein neuer Trend angekommen: *Izakaya*, die japanische Variante der spanischen Tapas-Bar. Es gibt leckere Kleinigkeiten, die man auch teilen kann – und es ist nicht immer Fisch. Fleischspieße, scharf gewürztes Tofu und Entenbrust serviert das *Yuzuki (598 Guerrero Street | www.yuzukisf.com)* in San Francisco, lecker-krustigen Schweinebauch und geröstete Ginkonüsse gibt's im *Sasaya (11613 Sante Monica Blvd. | www.izakaya-sasaya.com)* in L. A.

2 Selbstversorger

Zurück zur Natur In den Hinterhöfen der Städte wird es grün. Überall auf leeren Grundstücken legen Anwohner gemeinsam Beete an und züchten Gemüse. Sogar im Großstadtdschungel von L. A. gibt's *community gardens,* etwa die *Ocean View Farms (3300 S Centinela Av. | oceanviewfarms.net)*. Star der Szene ist Novella Carpenter *(ghosttownfarm.wordpress.com)*. Die Autorin von „Farm City, the Education of an Urban Farmer" hält regelmäßig Vorträge, so auch auf den *Green Festivals (www.greenfestivals.org)*.

3 California Fashion

Go local Nicht aus Paris, sondern aus Oakland stammt Designerin Cari Borja, die mit ihren verspielten Designs weltweit Fans findet. Ihre Kreationen gibt es in ihrem Studio *(2117 4th Street | www.cariborja.com)* in Berkeley. Auf der anderen Seite der Bay, in San Francisco, hat sich Howard Gee in seinem *Atelier AB Fits (1519 Grant Av.)* auf maßgeschneiderte Jeans spezialisiert. Bei *Colleen Quen (131 8th Street | San Francisco | www.colleenquencouture.com)* sind Seide, Brokat und Chiffon die Arbeitsmaterialien für edle Roben.

In Kalifornien gibt es viel Neues zu entdecken. Das Spannendste auf diesen Seiten

Filmreife Workouts

4

Mit Spaß beim Sport Einfach nur schwitzen ist den körperbewussten Kaliforniern nicht genug. Bei *Crunch (8000 Sunset Blvd. | www.crunch.com)* in L. A. (auch in anderen Städten) sorgen Kurse wie „power Yoga", „Powerwave Battle Roping" und „Washboard Abs" für Idealmaße. Dazu wird nach dem „Bodyshred"-Programm der Fitnesskönigin Jillian Michaels trainiert. Beim Workout von *Hollywood Aerial Arts (3838 W 102nd Street | www.hollywoodaerialarts.com)* in Inglewood werden die Bauchmuskeln am Trapez geformt. Bei Höhenangst führt der Weg zur *Debbie Allen Dance Academy (3791 Santa Rosalia Drive | Los Angeles | www.debbieallendanceacademy.com)*. Dort werden neben der Profi-Ausbildung fast täglich auch *open classes* für Teens und Erwachsene geboten: Ballett, Hip-Hop, Flamenco, einfach alles.

Nebensache Kunst

5

Feiern statt fachsimpeln Wer den Weg in die Galerie oder ins Museum scheut, kommt in San Francisco dank cooler Events trotzdem auf seine Kunst-Kosten. Perfekt sind die Partys der *Minna Gallery (111 Minna Street | www.111minnagallery.com) (Foto)*. DJs, Drinks und Filme helfen, den ersten Schritt zu machen. Leicht macht es einem auch die Galerie des alternativen Buchladens *Adobe Books (3130 24th Street | www.adobebooks.com)*. Seit 2013 werden in neuen Räumen im Mission District experimentelle Performances und Ausstellungen gezeigt. Livemusik und Performances gibt es häufig auch in der *Galerie Intersection of the Arts (910 Mission Street | theintersection.org)*.

FAKTEN, MENSCHEN & NEWS

BIO-FOOD

Das Zauberwort heißt organic, am besten sogar *certified organic,* also Bioware mit Prüfstempel. Kalifornien ist schon seit den Hippietagen Vorreiter der weiterhin anschwellenden Ökowelle. Viele Städte richten wöchentliche Bauernmärkte aus, *farmer's markets,* zu denen oft nur *certified farmers* zugelassen sind. Einer der größten Nordkaliforniens findet im Sommer jeden Samstag auf der Plaza im Uni-Städtchen Arcata bei Eureka statt. Weitere Märkte finden Sie hier: *www.cafarmersmarkets.com*.

Im *health food store* kaufen die Kalifornier ihr ökologisch angebautes Müsli. Aber auch die regulären Supermärkte bieten immer mehr Ökoware an. Dazu gibt es die großen Bioketten wie *Whole Foods* oder *Trader Joe's (www.traderjoes.com),* die vom Biowein bis zum Sushi aus nachhaltigem Fang nur ökologisch korrekte Produkte anbieten. Hier kommen die Besitzer der Kette allerdings aus Europa: Trader Joe's gehört zu Aldi!

CALIFORNIA CRAZY

Schön ist, was gefällt: Nach diesem Motto bauen die Kalifornier am liebsten. Ein typisch kalifornischer Stil entstand erstmals nach dem Zweiten Weltkrieg, als die Diner und Coffeeshops riesige Fenster und kühn hervorkragende Dächer erhielten und drinnen pralle, ketchuprote Sitzbänke, die im grellen Neonlicht glänzten. „Googie" wurde dieser Stil genannt, und phantasievoll ging es weiter. Das Hamburger-Restaurant in

Bild: Dünenlandschaft bei Eureka

Kalifornien setzt Maßstäbe für die Welt – mit großen Errungenschaften ebenso wie mit Umweltproblemen

Form eines Hamburgers, die Immobilienfirma Sphinx in einem als Sphinx geformten Haus, ein Dinosauriermuseum in einem riesigen Dinosauriermodell – Kalifornien hat sich in den letzten Jahrzehnten zu einem architektonischen Freistilparadies entwickelt, in das sich nahtlos auch die abenteuerlichen Wohnhäuser aus *redwood* an der Küste Nordkaliforniens einfügen. Der Fachbegriff für die grotesksten Auswüchse: *California Crazy*.

Die Wolkenkratzer Kaliforniens sind übrigens alle jüngeren Datums. Erst seit erdbebensicher gebaut werden kann, wird hier auch hoch gebaut. Wie hoch, das zeigt die neue Downtown von Los Angeles, die seit etwa 20 Jahren einen Bauboom erlebt.

DAS LAND (VER)DURSTET

Immer öfter wird den Menschen im Süden für ein paar Stunden das Wasser abgedreht. Allein Greater Los Angeles und San Diego, in die Wüste gebaut und ungebremst wuchernd, benötigen drei

Viertel der kalifornischen Trinkwasservorräte. Wie lange die Angelenos noch sorglos ihre Rasen sprengen können, ist seit Jahren ein Streitthema. Das kostbare Nass wird vom größten Pipelinesystem der Welt herangeschafft: Der Colorado-River-Aquädukt allein liefert 3,8 Mio. m^3 Wasser täglich! Los Angeles erhält sein Wasser aus der 400 km entfernten Sierra Nevada, aus dem Lake Havasu, der auch San Diego beliefert, und aus dem 700 km entfernten Sacramento Valley.

DICKE LUFT

Los Angeles, die Stadt der *freeways* und der Autos, ist für ihren Smog berüchtigt: Seit Jahren warnt die *American Lung Association* vor der schlechtesten Luft der USA. Doch das eine bedingt das andere. Mit den strengsten Umweltgesetzen der Nation versucht Kalifornien u. a. die Luftverschmutzung in L. A. in den Griff zu bekommen. So konnte der Smogpegel um 75 Prozent gesenkt werden. Man sieht nun häufiger Hybrid- und Elektroautos und an so manchen Parkplätzen auch Steckdosen zum Auftanken der schadstofffreien Flitzer. Und von den Aussichtspunkten am Mulholland Drive oder vom Getty Museum aus zeigt sich L. A. nun häufiger in verblüffend klarer Panoramasicht.

GRASS, POT, DOPE

Am 8. November 2016 stimmten 56 Prozent der Kalifornier dafür, Marihuana als „Freizeitdroge" zu legalisieren. So legal wie Alkohol oder Tabak. Das heißt, wer über 21 Jahre alt ist, darf kleine Mengen *grass* besitzen und benutzen – aber nicht in der Öffentlichkeit. Wie der Verkauf geregelt werden soll, wird noch geklärt. Auf der Straße ist der Verkauf illegal. Ab Anfang 2018 soll es die ersten Läden geben und Coffeeshops wie in Amsterdam. Im Privatbereich Marihu-

Trotz des Namens gibt es Schwarzbären – wie hier im Sequoia National Park – auch in Rotbraun

ana zu rauchen ist also okay. Aber alle härteren Drogen sind nach wie vor tabu. Da hört der Spaß in Kalifornien auf, und die Strafen sind drakonisch.

GRIZZLIES & REDWOODS

Auch wenn Grizzlybär und Kalifornischer Kondor aus der freien Natur verschwunden sind, bietet Kalifornien noch immer vielen bedrohten Tieren Lebensraum. Die Heimat von 123 Amphibien und Reptilien, 260 Vogelarten und 27 000 verschiedenen Insekten gestattet entlang der Küste den Blick auf Wale, Seelöwen, Seehunde sowie Seeotter. An Land entdeckt man – mit etwas Glück – Luchse, Graufüchse, Waschbären, Elche, in höheren Lagen Bergschafe, Murmeltiere und Schwarzbären.

Die auffälligsten Pflanzen Kaliforniens sind die *redwoods* (mit mehr als 100 m die höchsten Bäume der Welt), *sequoias* (Mammutbäume, mit bis zu 30 m Umfang die an Masse größten Lebewesen der Welt), Palmen, Kakteen und Yuccapflanzen wie die *Joshua trees,* nach denen ein ganzer Nationalpark in Südkalifornien benannt wurde. Wilde Blumen blühen von Frühling bis Herbst in allen Farben. In den Bergen wachsen Lupinen, Lilien, Astern und Schafgarbe, in der Wüste widerstandsfähige Sträucher wie der Kreosotbusch mit olivgrünen Blättern und gelben Blüten.

HOLLYWOOD

Als sich die ersten Filmfirmen in Hollywood niederließen, schufen sie die Basis für eine Industrie, die längst weltumspannend über das Kinogeschäft hinausreicht. Das US-Fernsehen begann in den 1950er-Jahren damit, die großen Studiogelände, die in der Stummfilmzeit entstanden waren, als Produktionsstätten für den wachsenden Bedarf an TV-Serien zu nutzen. Heute ist das Fernsehen der größte Zweig der kalifornischen Unterhaltungsindustrie. Durch die wachsende wirtschaftliche Verflechtung von Unternehmen zogen ab Anfang der 1970er-Jahre auch die großen Schallplattenfirmen an die Westküste. Die Bedeutung des Entertainmentbusiness für Los Angeles lässt sich nicht nur an der jährlichen Verleihung von Oscars, Grammys, Emmys und anderen Auszeichnungen für Unterhaltungskünstler ablesen. Mit rund 250 000 Beschäftigten und ungezählten Nachwuchstalenten, die auf ihre Chance hoffen, prägt das Showgeschäft den Lebensstil. Sichtbar wird er vor allem bei den Superreichen, die sich in Beverly Hills und Malibu hinter hohen Mauern wahre Traumhäuser gebaut haben.

INDIANER

Da die kalifornischen Ureinwohner keine Schriftsprache und kein Metal besaßen, haben sie außer in Höhlenmalereien und einigen meisterlich geflochtenen Körben, die heute in Museen bewahrt werden, wenig Hinweise auf ihre frühere Kultur hinterlassen. Die ersten Europäer, die per Schiff an Kaliforniens Küsten landeten, wurden freundlich begrüßt. Die Miwoks etwa adelten Sir Francis Drake, als er an Land ging, mit einer Krone aus Federn.

In der Nähe der spanischen Missionen wurden von 1770 an die Küstenstämme durch Krankheiten wie Masern, Windpocken und Syphilis dezimiert. Die aus dem Osten heranrückenden Siedler drängten die Indianer des Inlands gegen manchen Widerstand zurück. In den Bergen Nordostkaliforniens kämpften die Modocs einen mehrjährigen, vergeblichen Guerillakrieg gegen US-Truppen. 1870 waren fast 90 Prozent der Ureinwohner ausgelöscht, die Überlebenden in kleine Reservationen auf minderwertigem Land eingewiesen. Ihre Nachkommen leben noch heute dort, viele – wie die Cahuila bei Palm Springs, die Paiute-Shoshonen in Owens Valley und die Hupa an der Nordküste – sehr zurückgezogen. Zahlreiche der rund 400 000 kalifornischen Indianer wohnen heute aber auch in den Großstädten.

KARL, DER NEBEL

Der sommerliche Küstennebel Kaliforniens ist legendär – und berüchtigt. Kaum ein Bild von der Golden Gate Bridge ohne ihn. Das kalte Pazifikwasser wärmt sich im Frühjahr nur sehr langsam auf, das Binnenland heizt sich schnell auf 40 Grad und mehr auf: an der Küste entsteht Nebel. Im Juni belagert er San Diego, im Juli San Francisco. Ab September ist er weg, die Temperaturen sind ausgeglichen. San Francisco hat natürlich eine ganz spezielle Beziehung zum *fog.* Der Nebel am Golden Gate heißt Karl und ist auf Socialmedia vertreten: Auf Twitter unterhält *@KarlTheFog* seine 200 000 Bewunderer mit witzigen Statements („In fog we trust" oder „Blue sky, you will be mist" oder Forecast: „Foggy with high chance of ordering pizza").

NATIONAL PARKS

Neun der 59 amerikanischen Nationalparks befinden sich in Kalifornien: Channel Islands, Death Valley, Joshua Tree, Kings Canyon, Lassen Volcanic, Pinnacles, Redwood, Sequoia und Yosemite. In diesen Naturschutzgebieten überleben viele der 260 Vogel-, über 100 Reptilien- und Amphibienarten sowie Wale, Seelöwen, Graufüchse und Schwarzbären, beschützt von einem gewaltigen Heer von Förstern, *rangers* genannt. Die Territorien dienen dem Artenschutz und ermöglichen über 280 Mio. Besuchern im Jahr (Gesamt-USA), das Wunder Natur und die geologische Entwicklung der Erde aus der Nähe zu betrachten.
Je stärker sich der Naturschutzgedanke durchsetzte, desto mehr Gebiete wurden unter Schutz gestellt *(National Monument),* als hegenswertes Waldareal *(National Forest)* oder als Erholungszo-

PATENT 139.121

Als der in Franken geborene Levi Strauss 1847 in New York ankam, ahnte er nicht, dass sein Name einst zum Markenzeichen werden würde. Für sechs Jahre ging er nach San Francisco, mit dem Ziel, die Goldgräber zu versorgen. Einer seiner Partner wurde der Schneider Jacob Davis, der bei Levi reißfestes Segelzeug en gros kaufte. Der mit Indigo blau gefärbte Stoff, den Herr Strauss importierte, kam übrigens damals oft aus Frankreich, aus Nîmes. Deshalb heißen Jeans in Amerika bis heute oft auch „Denim". Da bei einem Kunden die Hosentaschen immer zerrissen, hatte Davis eines Tages die Idee, die Taschen und alle Säume mit Metallnieten zu verstärken. Diese „Nietenhosen" wurden bei den Goldgräbern sofort ein Hit. Allerdings fehlte Davis das Geld, um seine Idee schützen zu lassen: Das Patentamt verlangte 68 $. Davis wandte sich Hilfe suchend an Levi Strauss. Der erkannte das Potenzial der neuartigen Hose sofort und stieg ein. Am 20. Mai 1873 erhielten die beiden Männer vom *Patent and Trademark Office* das Patent 139.121 – Geburtsstunde der Blue Jeans.

Ein anstrengender Aufstieg, aber der Blick über die Gipfel des Yosemite National Park ist perfekt

nen *(National Recreation Area)* der privaten Nutzung entzogen. Mit einem *America the Beautiful Annual Pass* für 80 $ erhalten Passinhaber plus Auto und drei Passagiere freien Eintritt für ein Jahr in allen Parks und anderen bundesstaatlichen Schutzgebieten. Weitere Infos unter *www.nps.gov.*

SUSTAINABILITY

Sustainability, also Nachhaltigkeit, ist das neue Schlagwort der Ökofreunde in Kalifornien. Während sich die Bundesregierung in Washington beim Umweltschutz eher zögerlich zeigt, haben der Staat und auch viele Städte Kaliforniens eigene Ökoinitiativen gestartet. So verbot San Francisco als erste Stadt Amerikas Plastiktüten, und seit 2011 sind die Taxis der Stadt Hybridfahrzeuge oder fahren mit Biokraftstoff. Viele Restaurants servieren Fisch nur aus nachhaltigem Fang, Wissenschaftler des Monterey Bay Aquarium geben dafür eine ständig kontrollierte Liste heraus. Öffentliche Gebäude und auch Hotels werden immer häufiger nach sogenannten *LEED standards* gebaut. LEED steht für *Leadership in Energy and Environmental Design,* das besonders strikte Regelwerk des US Green Building Council, *www.usgbc.org*.

THE BIG ONE

Die Westküste sitzt auf dem *Ring of Fire,* einer Vulkan- und Erdbebenzone rund um den Pazifik. Die Reibung der tektonischen Platten am Rand des Kontinents verursacht ruckartige Bewegungen, die sich als Erdbeben an der Oberfläche bemerkbar machen. Die bisher schwersten Beben an Kaliforniens bekanntester Reibungslinie, dem San-Andreas-Graben, ereigneten sich 1857 in Los Angeles sowie 1906 und 1989 in San Francisco, mittelschwere Beben im Norden von Los Angeles (1994) und unlängst im Napa Valley (2014). Geologen sind allerdings der Ansicht, dass die ganz große Katastrophe, *The Big One,* noch aussteht.

ESSEN & TRINKEN

Kalifornien ist Amerikas Probierküche für ein neues Gaumenbewusstsein. Und neben amerikanischen sind auch deutschsprachige Köche ihre Propheten: Wolfgang Puck (aus Österreich) und Joachim Splichal (aus Freiburg) z. B. wissen, worauf es ankommt.

Man nehme ausgezeichnete Grundprodukte, ständig neue Rezepte, mische alles mit etwas Chuzpe und würze es mit möglichst vielen prominenten Gästen. Ob bayerische Weißwurst neben marokkanischem Lamm, Salsa aus gelben Tomaten neben mit Kaviar belegter Pizza – Essen *à la californienne* braucht stets ein bisschen Show und neue Reize.

So entstand etwa vor 40 Jahren die ***Fusion*** oder ***California Cuisine***. Ihre charakteristischen Hauptmerkmale sind bis heute: Koche leicht, variiere die ethnischen Spezialitäten der vielen Völker im Land und besorge alle Zutaten auf den heimischen Märkten. Ständige Innovation und neue Kreationen sind die erklärte Devise. Immer mehr ***marktbewusste Restaurants*** kommen dem Bedürfnis nach. Wolfgang Puck öffnete nach dem Erfolg vom *Spago* in L. A. u. a. das *Chinois* in Santa Monica und eine ganze Kette von *Wolfgang Puck Restaurants*. Joachim Splichal, der mittlerweile gut zwei Dutzend Restaurants verstreut über die USA besitzt, betreibt das *Patina* in Downtown L. A. und dort auch das Lokal *Café Pinot* sowie das Café im LACMA Museum in Las Vegas. Auch gewagte lukullische Verbindungen über Kontinente hinweg wie mexikanisch-thailändisch oder franko-ja-

Bild: Caesar Salad

Multikulturell inspirierte Kreationen, gesundheitsbewusste Vollwertkost, die guten alten Steaks – probieren Sie nach Herzenslust

panisch finden Zuspruch. Puck nennt solches **Kochen „multikulturell"**. Die kalifornische Lust an derlei Innovation inspiriert längst Köche überall in den USA.

Die **Wiege der California Cuisine** steht allerdings in San Francisco. Alice Waters, Küchenchefin im *Chez Panisse (1517 Shattuck Av. | Tel. 1510 5 48 55 25 | €€€ | preiswerteres Bistro im Obergeschoss)* in Berkeley, machte um 1970 erstmals das Kochen mit regionalen Produkten, das wichtigste Prinzip der neuen kalifornischen Cuisine, zur Maxime.

Die hervorragende Qualität und die enorme Vielfalt der landwirtschaftlichen Produkte Kaliforniens unterstützen die **innovative Küche**: Das milde Klima und der gute Boden im Central Valley östlich von San Francisco lässt Obst wie Nüsse und Pfirsiche ebenso gedeihen wie Reis, Mais oder Melonen. Gemüse und Tomaten wachsen rund ums Jahr. Aus den Wüsten im Süden kommen Grapefruits, Datteln und Orangen, von den Wiesen Nordkaliforniens Steaks, feine Käse und andere Milchprodukte. Kein Wunder,

SPEZIALITÄTEN

blackened mahimahi – Goldmakrele, scharf angebraten (mit schwarzer Kruste)
Caesar salad with chicken strips – Salat mit Parmesan-Anchovis-Dressing und Hühnchenstreifen
California roll – Avocado und Krebsfleisch nach japanischer Art in einer Reisrolle (Foto re.)
eggs sunny side up with bacon and hash browns – der Frühstücksklassiker schlechthin: Spiegeleier mit knusprigem Speck und geraspelten Bratkartoffeln
filet mignon with baked potato – Filetsteak mit Folienkartoffel
fish taco with cilantro – Tortillahülle mit gebratenem Fisch, gewürzt mit Koriander
French toast with maple sirup – Brotscheiben in Eihülle (arme Ritter), darüber Ahornsirup
honey lager microbrew – Lagerbier aus einer Kleinbrauerei, teils mit Honig gebraut, teils nur wegen der hellbraunen Farbe so benannt
nachos with guacamole and sour cream – mexikanische Mais-Chips mit Käse überbacken, dazu Avocadocreme und saure Sahne (Foto li.)
New York steak with stuffed mushrooms – Steak mit Fettrand, dazu überbackene und gefüllte, große Portobellopilze
prime rib with horseradish sauce – sehr zarte, dicke Bratenscheibe (das beste Fleisch vom Rind) mit Meerrettich serviert
pumpkin pie – Kürbiskuchen
seared tuna with sesame crust – scharf angebratener Thunfisch mit Sesamkruste
sirloin steak with corn on the cob – Lendensteak mit Maiskolben
strawberry margarita – mit püriertem Eis gemixter Drink aus Erdbeeren und Tequila
turkey with stuffing, yams and cranberry sauce – Truthahn mit Füllung, Süßkartoffeln und Preiselbeermarmelade (ein Klassiker zu Thanksgiving)

dass Kalifornien unter allen US-Bundesstaaten in der landwirtschaftlichen Produktion führend ist.
Neuerdings sehr im Trend liegt ***Bioware***. Viele der gut ausgebildeten Kalifornier besonders in der Region von San Francisco kaufen ihr *organic food* auf *farmer's markets* und in Biosupermärkten. Sogar das *street food* der Würstchen- und Burgerstände folgt dem Trend – oft

sind die *all-beef-sausages* sogar *certified organic*, also von unabhängigen Labors getestet. Manche der Imbissbuden bieten sogar richtige Gourmetkost an – leicht zu erkennen, denn dann zieht sich zur Lunchpause die Warteschlange um den Block.

Das stark gestiegene Interesse an guten, kreativen Gerichten geht mit einer wachsenden Kennerschaft der angesehenen **kalifornischen Weine** einher. In den bedeutendsten Anbaugebieten Napa Valley und Sonoma Valley haben sich unzählige neue Winzer auf die gute alte europäische Kunst des Weinbaus besonnen. Sortenreine Weine hatten in den USA lange keinen Markt. Erst als Weintrinker ihre Geschmackssinne auf Traubensorten wie Chardonnay und Sauvignon Blanc (weiß) oder Cabernet Sauvignon und Zinfandel (rot) einzustellen bereit waren, fanden die Bemühungen ambitionierter Winzer wie Robert Mondavi und Kellermeister wie Andre Tchelistcheff ihre Bestätigung. Ein Grund für die gute Qualität ist das Klima. Anders als in Europa ernten die Winzer voll ausgereifte Trauben, die einen kräftigeren Geschmack entfalten. Dieser Geschmack wird durch die Lagerung in Eichenholzfässern abgerundet.

Neben dem Trend zu mehr kulinarischer Raffinesse, die selbstverständlich ihren Preis hat, gibt es auch die bodenständige amerikanische Küche. Am besten: die **Speisen vom Grill**. In Küstennähe ist frischer Fisch eine gute Wahl, im Landesinnern das obligate Steak mit gebackener Idaho-Kartoffel oder auch ein Hamburger – wenn er nicht aus einer Fast-Food-Braterei stammt. Für Fleisch (und für Thunfischsteaks) heißt es: *rare* (blutig), *medium rare* (mittel) und *well done* (durchgebraten).

Viele Amerikaner beginnen den Tag mit einem **Frühstück im Coffeeshop** oder im Diner, egal ob in den Metropolen oder in der Provinz. Der Kaffee wird *bottomless* serviert, was bedeutet, man kann sich ohne Aufpreis nachschenken lassen. Dazu gibt es meist Eier, Speck und Toast. Unterwegs speist man kalorienreich und billig vor allem in den Restaurants der Lastwagenfahrer, den *truck stops*.

In allen Restaurants gibt es eine Mittagskarte, das *lunch menu,* mit Sandwiches und Suppen, dessen Preise wesentlich unter denen des *dinner menu* liegen. Die Amerikaner trinken oft Eistee *(ice tea)* oder Kaffee zum Lunch. Ebenfalls populär ist Bier. Sehr im Trend: Bier aus kleinen Privatbrauereien, den sogenannten *microbreweries*, erfreut auch die Gaumen europäischer Besucher. *Dinner* wird, vor allen Dingen in ländlichen Gegenden, schon ab 17 oder 17.30 Uhr und zumeist nur bis 21 Uhr serviert.

Biomärkte liegen voll im Trend

Zu den besonderen Regeln in jedem amerikanischen Restaurant gehört es, dass Sie von der Bedienung einen Tisch zugeteilt bekommen. Und noch ein Wort zur Rechnung: Die **Umsatzsteuer** ist in den Preisen auf der Speisekarte genauso wenig enthalten wie das **Trinkgeld (tip)**, das für die Bedienung einen Großteil ihres Lohns ausmacht.

EINKAUFEN

Vor allem seit die Kalifornier ihre Innenstädte renoviert und belebt haben, macht der Einkaufsbummel noch mal so viel Spaß. Das Zentrum von San Diego um die witzig gestylte *Horton Plaza*, die *State Street* von Santa Barbara mit ihren hübschen spanischen Innenhöfen, der *Ferry Building Market Place* und die trendige *Hayes Street* in San Francisco, aber auch die *Third Street Promenade* in Santa Monica mit der *Mall Santa Monica Place*, die verrückte *Melrose Avenue* und das elegante *Grove Shopping Center* in Los Angeles sind die besten Einkaufsmeilen und bieten dazu reichlich California-Flair.

CAMPERPROVIANT

Wer mit dem Mietwagen auf einer Rundreise unterwegs ist, findet überall Gelegenheit, sich mit dem Grundbedarf einzudecken. *Convenience stores* wie *7–11* und *Circle K* oder kleine Läden in Hotels und an Tankstellen verkaufen Getränke und Eiswürfel für die Kühlbox, Kaffee und Donuts, Snacks und Zeitungen. *Drugstores* halten kosmetische Artikel sowie oft in einer *pharmacy* im Hause auch Medikamente bereit. Und für größere Einkäufe lassen riesige Supermärkte wie *Albertson's, Safeway* oder *Walmart* keine Wünsche offen. Für gute Bioware gibt es Ketten wie *Whole Foods.* Achtung: Auf alle Preise wird noch an der Kasse eine Umsatzsteuer *(sales tax)* von mindestens 7,5 Prozent aufgeschlagen, die je nach Region bis auf 10 Prozent klettern kann.

KUNSTHANDWERK

Auf vielen *arts and crafts fairs* werden innovativer Modeschmuck, bunte Keramik, Holzarbeiten und anderes Kunsthandwerk angeboten. Solche Märkte, auf denen man oft direkt von den Künstlern kaufen kann, sind an den Wochenenden vor allem im *Gold Country* und in den Küstenstädten zu finden. Dazu gibt es in diesen Orten auch zahlreiche Galerien, die auf Kunsthandwerk spezialisiert sind. Indianisches Kunsthandwerk wie Türkisschmuck oder Töpferwaren stammt jedoch meist aus Arizona oder New Mexico. Die kalifornischen Indianer fertigen kleine Körbe aus *sweetgrass* oder auch perlenbestickte Mokassins.

OUTLET MALLS

Beliebt zum Discount-Shopping sind die zahlreichen *outlet malls* mit Direktverkauf von namhaften Ketten wie Levi's,

Shopping – ein typisch amerikanisches Vergnügen in Einkaufszentren, auf Märkten und in Outlet Malls

Timberland, Calvin Klein oder Tommy Hilfiger. Meist liegen die Outlets abseits der Städte an den Interstate-Autobahnen etwa bei Cabazon an der I-10, bei Barstow an der I-15 oder bei Vacaville an der I-80 zwischen San Francisco und Sacramento. Nicht zuletzt dank der fast ständigen Sonderverkäufe findet man in den Outlets oft sehr gute Schnäppchen, und manchmal bieten die Läden noch zusätzlich Coupons mit Preisabschlag. Erkundigen Sie sich am Kiosk oder im Büro der *guest services* des jeweiligen Centers.

TYPISCHE SOUVENIRS

Schön als Mitbringsel sind kalifornische Produkte: der Wein von einem versteckten kleinen Weingut, Samen von Redwoodbäumen, Salsagewürz oder Honig von Wüstenblumen. Auch Ableger von Kakteen sprießen zu Hause munter weiter. In der Wildnis stehen die stacheligen Souvenirs unter striktem Schutz, doch viele Gärtnereien haben preiswerte Sprösslinge, fertig verpackt für den Export.

Was lohnt sich sonst? Außer den Klamotten von Trendmarken wie Hollister, Abercrombie & Fitch oder American Eagle sind es gebrauchte und neue Lederjacken *(bomber jackets,* auch in *army* und *navy stores)*, Jeans und Outdoorklamotten, Fundsachen aus den 1950er-Jahren, die Sie manchmal auf den großen Flohmärkten *(swap meets)* entdecken können.

Beliebt sind dazu alle Produkte, die der Cowboykultur verhaftet sind – auch wenn diese eher für die Rockies typisch ist. Stetsonhüte, mit Silber genietete Gürtel und gute Cowboystiefel sind in vielen *western stores* in breiter Auswahl zu finden.

Deutlich günstiger als in Europa sind auch Sportartikel wie etwa Golfausrüstungen sowie alle Arten von Vitamintabletten und Powerdrinks.

Vorsicht, große Neuanschaffungen erkennen auch Zollbeamte bei der Rückkehr auf Anhieb. Besser ist es, Einkäufe im Wert von über 430 Euro anzumelden.

SAN FRANCISCO

> **WOHIN ZUERST?**
> Der **Union Square (U F2)** ***(f2)*** ist das Herz der Stadt. Hier können Sie shoppen, ein Cable Car besteigen oder weiter durch Chinatown zum Coit Tower und zur Fisherman's Wharf gehen. Auch das Museum of Modern Art und die Market Street, an der Busse, Metro, Cable Cars und die F-Linie fahren, sind in der Nähe. Parkhaus: Mission Street zwischen 4th und 5th Street

KARTE IM HINTEREN UMSCHLAG
(138 A1) *(B7)* **Fragt man einen Amerikaner, in welche Stadt er am liebsten fahren möchte, lautet die Antwort: nach San Francisco. Tatsächlich vereint keine andere US-Metropole auf so wenig Raum so viel Charme. In dieser Stadt – die Einheimischen nennen sie liebevoll *the Lady by the Bay* – herrscht Betriebsamkeit, aber keine Hektik, Kultiviertheit, aber keine Borniertheit.**

Gebaut auf 40 kleine und sieben große Hügel an der Nordspitze einer Halbinsel, die sich schützend vor die große Bay schiebt, leben heute rund 870 000 Menschen in der Stadt, deren Dynamik die gesamte Bayregion mit ihren rund 8,7 Mio. Einwohnern bestimmt. Zwei Brücken *(Golden Gate Bridge* und die erst 2013 umgebaute *San Francisco-Oakland Bay Bridge),* eine U-Bahn und zahllose Fähren verbinden die Menschen beidseits der Bucht.

Bild: „Painted Ladies": die viktorianischen Häuser am Alamo Square

Schönste Stadt Amerikas: die Perle am Pazifik und Stadt der Sehnsucht – nicht nur für Amerikaner

San Francisco ist gut zu Fuß zu erkunden. An der *Waterfront* gilt es, touristische Zentren wie die berühmte *Fisherman's Wharf* ebenso zu erforschen wie den mediterran wirkenden *Marina District* und die *Golden Gate Promenade,* die zum *Presidio* führt, der alten Kasernensiedlung unter Eukalyptusbäumen.

Ganz wichtig sind auch das Stadtzentrum und seine angrenzenden Viertel: *North Beach,* das italienische Viertel mit seinen Cafés, Restaurants und Gelaterias. Dann *Nob Hill,* das noble Viertel auf den Hügeln, sowie *Russian Hill* und *Pacific Heights,* wo jede Straße herrliche Blicke auf die Bay bietet. *Chinatown,* das größte Chinesenviertel Nordamerikas, liegt südlich von North Beach. Um *Union Square,* dem Herzen von Downtown, bimmeln die *Cable Cars* und locken Hotels, Theater und Kaufhäuser. Und schließlich das Schwulenviertel *Castro District,* nebenan der mexikanische *Mission District* und *South of Market*, lange verwahrlost, heute kultureller Hotspot mit Galerien, Museen und aufregendem Nachtleben.

Geniales Energiesparkonzept des 19. Jhs.: die Cable Cars

Eine Fahrt mit Bus, Bahn, Cable Car oder mit den INSIDER TIPP historischen Straßenbahnen aus aller Welt der *F-Line (tgl. 6–0.30 Uhr | 2,50 $, Cable Cars 7 $, Tagespass 21 $ | Tickets in Bus bzw. Bahn lösen | App MuniMobile)* spart teure Parkgebühren. Mit der F-Linie von der Market Street entlang der Bay bis zur Fisherman's Wharf und zurück mit einem der Cable Cars ergibt eine richtige Stadtrundfahrt. Ausführlich informiert auch der MARCO POLO „San Francisco".

SEHENSWERTES

ALCATRAZ ISLAND (138 A1) (B7)

Nur neun Insassen gelang je die Flucht von Alcatraz – Thema für mehrere Hollywoodfilme. *The Rock,*, der Kerker auf einer Insel in der Bay, galt als das sicherste Gefängnis der Welt. Von 1934–63 saßen hier berüchtigte Verbrecher wie Al Capone ein – oft viele Jahre. Heute dauert ein Besuch inkl. Bootsfahrt nur 2,5 Stunden. *Ablegestelle: Pier 33 am Ostende von Fisherman's Wharf* (U F1) *(f1) | Abfahrt tgl. ab 8.45 Uhr, auch Nachttouren | Ticket ab 37,25 $ | Tel. 1415 9817625 | alcatrazcruises.com | Lange vorab reservieren!*

INSIDER TIPP ASIAN ART MUSEUM

(U E2–3) *(e2–3)*

Eines der weltbesten asiatischen Museen. Über 17 000 Objekte aus China, Japan, Indien, Nepal, Tibet und Südostasien, viele gestiftet vom Ex-IOC-Präsidenten Avery Brundage. Guter Shop. *Di–So 10–17, Do bis 21 Uhr | Eintritt 15 $ | 200 Larkin Street | www.asianart.org*

CABLE CARS ★

Die kabelgezogene, über 100 Jahre alte Straßenbahn gehört zu den Wahrzeichen der Stadt. Die *Powell-Mason-Linie* beginnt an der Hallidie Plaza, windet sich in das Nobelviertel Nob Hill hinauf, um auf der Mason Street bis nahe Fisherman's Wharf wieder hinabzufahren. *Powell-Hyde-Linie:* Market/Powell Street bis zur

Northern Waterfront. *California-Linie:* California Street von Market Street bis Van Ness Avenue.
Beeindruckend sind im kostenlos zugänglichen Betriebswerk, dem ● *Cable Car Museum* (s. S. 117) (U E2) (*e2*), die gewaltigen Antriebsräder, mit denen die Kabel bewegt werden.

CALIFORNIA ACADEMY OF SCIENCES
● (U C3) (*c3*)
Stararchitekt Renzo Piano gestaltete den Neubau des riesigen Naturkundemuseums mit modernsten „grünen" Technologien – samt Regenwald und organischen Formen. Schmuckstück des Komplexes ist das *Steinhart Aquarium*. *Mo–Sa 9.30–17, So 11–17 Uhr | Eintritt 35 $ | Golden Gate Park | www.calacademy.org*

CHINATOWN ★ (U E–F2) (*e–f2*)
Die *Grant Avenue,* heute voller Import- und Souvenirgeschäfte, war früher die Straße der Opium- und Spielhöllen sowie der Bordelle. Schon der Eingang durch das Drachentor mit Pagodendach an der Bush Street macht deutlich, dass es nun exotisch wird. Die *Stockton Street* gilt als zweite Hauptstraße von Chinatown. Mehr als 100 Restaurants drängen sich allein zwischen Stockton und Bush Street sowie Kearny und Broadway. Tipp: *Hunan (924 Sansome Street | Tel. 1415 9 56 77 27 | €€)* und *Dol Ho (808 Pacific Street | Tel. 1415 3 92 28 28 | €–€€).* Einen Blick verdienen auch die pagodenförmige *Old Chinese Telephone Exchange (743 Washington Street)* und *Buddha's Universal Church (720 Washington Street)*. Die ersten Abenteurer aus China kamen, vom Goldrausch angelockt, um 1850. Wenige Jahre später wurden viele von ihnen als Kulis für den Eisenbahnbau eingesetzt. Zuletzt haben Flüchtlinge die Zahl der Chinesen im Westen der USA weiter anwachsen lassen.

CIVIC CENTER (U E3) (*e3*)
Das kulturelle und politische Zentrum San Franciscos liegt zwischen nicht besonders gepflegten Stadtvierteln, Tenderloin und Western Addition, die *City Hall* mit Kuppeldach, dahinter das *Veteran's Building,* wo 1945 die Charta der Vereinten Natio-

MARCO POLO HIGHLIGHTS

★ Cable Cars
Ein ratterndes Erlebnis in historischen Straßenbahnen: Mit dem Cable Car die Hyde Street hinunter bis zur Fisherman's Wharf → S. 34

★ Chinatown
Exotische Düfte, leckere Lokale in der ältesten chinesische Siedlung außerhalb Asiens → S. 35

★ Coit Tower
Die Spitze eines Feuerwehrschlauchs als Wahrzeichen der Stadt – mit einem phantastischen Rundblick → S. 36

★ Golden Gate Bridge
Das umnebelte Wahrzeichen von San Francisco – ein Meisterwerk der Technik → S. 37

★ Golden Gate Park
Grüne Wiesen, tolle Museen, Festivals und viel Hippie-Geschichte → S. 37

★ SoMa (South of Market)
Nicht nur nachts tobt hier das Leben → S. 41

★ Fähre nach Sausalito
Fahrt mit Wasser, Wind und Blick auf Skyline und Golden Gate → S. 43

nen unterzeichnet wurde, nebenan das *War Memorial Opera House* mit einem der besten Opernensembles der Welt, der *San Francisco Opera*, und der modernere Bau der *Symphony Hall*.

COIT TOWER ★ (U F1) (f1)

Den zylindrischen, 63 m hohen Aussichtsturm auf der Spitze des 74 m hohen Telegraph Hill ließ Lillie Hitchcock Coit 1933 zu Ehren der Feuerwehrmänner von San Francisco errichten. Vom Coit Tower haben Sie einen hervorragenden Blick über die Stadt und auf die Bucht. *Tgl. 10–18, im Winter 10–17 Uhr | Aufzug 8 $ | Telegraph Hill*

CONTEMPORARY JEWISH MUSEUM (U F2) (f2)

Daniel Libeskind setzte mit dem 2008 eröffnete Museum einen seiner typischen Kristalle in die Stadtlandschaft. Sehr beruhigend wirkt der Innenraum mit seinen schrägen Wänden. *Do–Di 11–17 und Do bis 20 Uhr | Eintritt 14 $ | 736 Mission Street*

CRISSY FIELD (U C1) (c1)

Das letzte Stück echte Dünenlandschaft an der Nordküste der City – schön für eine Radtour oder einen Strandspaziergang an der Bay mit freiem Blick auf die Pelikane, die vor der Golden Gate Bridge im Wind gleiten. *Entlang der Old Mason Street | www.parksconservancy.org*

DE YOUNG MUSEUM (U C3) (c3)

In einem weitläufigen, 200-Mio.-Dollar-Bau von Herzog & de Meuron residiert das wichtigste Kunstmuseum der Stadt. Schwerpunkt der Ausstellungen ist amerikanische Kunst. Nicht verpassen: INSIDER TIPP den Turm mit Aussichtsplattform über die City, Skulpturengarten und Café. *Di–So 9.30–17.15 Uhr | Eintritt 15 $ | Golden Gate Park | www.famsf.org*

EXPLORATORIUM (U F1) (f1)

Seit 2013 hat das berühmte Wissenschaftsmuseum einen großen Neubau an der Bay – und der Besuch lohnt sich für Kinder wie für Erwachsene. Experimentierlust und Neugier werden hier auf spielerische Art an vielen interaktiven Ausstellungsstücken gefördert. *Di–So 10–17, Do bis 22 Uhr | Eintritt 29 $ | Embarcadero | Pier 15 | www.exploratorium.edu*

FERRY BUILDING (U F2) (f2)

Witzige Spezialitätenläden, Food-Theken und Restaurants zeigen im reich verzierten Fährgebäude von 1898, das heute als moderne Markthalle dient, die Vielfalt der kalifornischen Küche. Beliebte Attraktion ist samstags auf der Plaza am Ufer der Bucht der *Farmer's Market*. Vor allem abends lohnt sich nebenan ein Blick auf die *Oakland Bay Bridge*: Dann leuchtet die Brücke beim Kunstprojekt INSIDER TIPP *Bay Lights* im Glanz von Tausenden LED-Lämpchen. *Market Street | Embarcadero*

FISHERMANS WHARF (U E1) (e1)

Am alten Landeplatz der Bayfischer wimmelt es heute von Straßenkünstlern und T-Shirt-Shops. Von hier aus starten die Boote zu den Rundfahrten in der Bay und zur Golden Gate Bridge. Achtung: Viele Restaurants hier sind überteuert. An dem von Geschäften und Aussichtspunkten gesäumten *Pier 39* bietet eine Seelöwenkolonie, die hier mehrere Pontons in Beschlag genommen hat, ein inzwischen berühmtes Fotomotiv.

Unbedingt einen Besuch verdient das INSIDER TIPP *Musée Mécanique* etwas weiter westlich am Ende der Taylor Street/Pier 45 mit einer wunderbar nostalgischen Ausstellung von alten Musik- und Spielautomaten.

GOLDEN GATE BRIDGE ★

(U C1) (c1)

Die am häufigsten fotografierte Hängebrücke der Welt! Sie verbindet seit 1937 die Nordspitze von San Francisco mit Marin County. Zwei 230 m über den Wasserspiegel aufragende Pfeiler tragen eine sechsspurige Fahrbahn, die auf einer Spannweite von 1280 m im Schnitt 67 m über dem Wasser schwebt. Per Mietfahrrad können Sie über die Brücke radeln. Alternativ lohnt ein Fußmarsch – hin und zurück dauert er etwa zwei Stunden *(von der Endstation des Muni-Busses Nr. 28 aus)*. Auch unter der Brücke zu stehen und hinaufzuschauen (guter Ausblick von *Fort Point National Historic Site*, 1850 zum Schutz der Golden Gate Passage gebaut) ist atemberaubend.

GOLDEN GATE PARK ★

(U A–C3) (a–c3)

Frisbee-Wiesen, Rad- und Rollerblade-Wege, Festivals und bunte Gärten – der bis zum Pazifik reichende, 4 km^2 große Park ist vor allem an Wochenenden der geliebte Spielplatz der San Franciscans. Und seit dem legendären Summer of Love 1967 hat er auch sein Hippie-Image weg – Marihuana-Wölkchen über den Wiesen beweisen es.

Weltweit berühmt als Wahrzeichen der Stadt ist der *Japanese Tea Garden* im Ostteil des Parks. Hier liegen auch mehrere Museen und das prächtig renovierte *Conservatory of Flowers*, ein filigranes weißes Gewächshaus im Stil der Kew Gardens in London.

INSIDER TIPP HAYES VALLEY

(U E3) (e3)

Das neueste Trendviertel der City liegt direkt hinter dem Rathaus entlang der Hayes Street. Per Bürgerversammlung wurden Kettenläden verboten (sogar Starbucks), und so drängen sich hier jetzt witzige Schuh- und Klamottenläden, schräge Galerien und individuelle Bars und Restaurants wie das Frühstücksdiner *Stack's (501 Hayes Street)*. Dass San Francisco die Stadt des Jazz an der Westküste ist, wird hier ebenfalls

Ausdrucksstark! Mesoamerikanische Kultur und mehr im De Young Museum

deutlich: 2013 eröffnete hinter der Sinfoniehalle San Franciscos neues *Jazz Center (201 Franklin Street | www.sfjazz.org)* mit mehreren Konzerträumen, in denen fast täglich Aufführungen stattfinden, und einem exzellenten kleinen Tapas-Restaurant.

Lombard Street – die verrückteste Serpentinenstraße der Welt

LOMBARD STREET (U E1) (*🕮 e1*)
Mehr Fotos als hier werden in ganz Kalifornien nicht gemacht: die krummste Straße Amerikas, mit Blumen bepflanzt und umrahmt von viktorianischen Villen. *Nur einige Schritte von Fisherman's Wharf zwischen Leavenworth und Hyde Street*

MISSION DOLORES PARK
(U E4) (*🕮 e4*)
Der Park neben der kleinen Adobe-Kirche am Nordende des Missionviertels – sie war einst die Keimzelle der Stadt – ist beliebt für Picknicks und Festivals und bietet einen großartigen Blick auf die Skyline der City. *Dolores Street/18th Street*

SAN FRANCISCO MARITIME NATIONAL HISTORIC PARK (U E1) (*🕮 e1*)
Seefahrtsgeschichte am Beispiel alter Schoner und Dampfer kann man am Hyde Street Pier *(Hyde Street / westlich von Fisherman's Wharf)* bewundern. Im Museumsgebäude: Exponate aus der Geschichte der Meeresschifffahrt und des Fischfangs. *Tgl. 9.30–17 Uhr / Eintritt 10 $ / 900 Beach Street/Polk Street*

SAN FRANCISCO MUSEUM OF MODERN ART (SFMOMA)
(U F2) (*🕮 f2*)
Er ist der spektakulärste Tempel der modernen Kunst in der City – vor allem seit 2016 der Anbau von Snohetta eröffnet wurde und sich damit die Ausstellungsfläche des ansonsten postmodernden Baus verdoppelte. Sehr nötig bei fast 30 000 Werken in der Sammlung inklusive eines Photography Centers. *Do 10–21, Fr-Di 10–17 Uhr / Eintritt 25 $ / 151 3rd Street / Kartenreservierung zu empfehlen: www.sfmoma.org.*

INSIDER TIPP **YERBA BUENA GARDENS** (U F2) (*🕮 f2*)
Welche Überraschung: eine friedliche grüne Wiese im Herzen der City! Und dazu eine gute Ausblicke auf die Skyline.

Teil des kleinen Parkkomplexes sind ein Theater, zahlreiche Skulpturen, der *Wasserfall Martin Luther King, Jr. Memorial* sowie das *Children's Creativity Museum* (s. S. 117).

STADTRUNDFAHRTEN & -TOUREN

49-MILE SCENIC DRIVE

Ein Möwenschild weist den Weg: Entlang dieser rund 80 km langen Route lassen sich alle wichtigen Attraktionen und Aussichtspunkte im Stadtgebiet der City abklappern – eine Mietwagentour für einen ganzen Tag. *Start am Civic Center*

BAY CITY BIKE

Wunderbare Halbtagestour auch mit Kindern: Geführt geht's per Rad über die Golden Gate Bridge, zurück per Fähre von Sausalito. Auch Radverleih, wenn Sie die Tour auf eigene Faust unternehmen wollen (was ohne Probleme zu machen ist). *2661 Taylor Street | Fisherman's Wharf | Tel. 1415 3 46 24 53 | www.baycitybike.com*

BOOTSRUNDFAHRTEN (U F1) (*f1*)

Die klassische, gut einstündige *Golden Gate Bay Cruise* bieten die Schiffe der *Red and White Fleet (32 $ | Embarcadero | Tel. 1415 6 73 29 00)* von Pier 43½ an sowie der *Blue & Gold Fleet (Abfahrt am Pier 39 | Tel. 1415 7 05 82 00)*.

ELECTRIC TOUR COMPANY

Dreistündige Segway-Touren an der Fisherman's Wharf – für Fortgeschrittene auch auf den steilen Hügeln der City. *757 Beach Street | Tel. 1415 4 74 31 30 | www.electrictourcompany.com*

INSIDER TIPP HAIGHT-ASHBURY FLOWER POWER WALKING TOUR

Diese Tour durch das einstige Hippieviertel Haight-Ashbury führt u. a. zu den Häusern von Janis Joplin und den Grateful Dead. *Di und Sa 10.30, Fr 14 Uhr | 20 $/ 2-std. Tour | Start: Stanyan/Waller Street | www.haightashburytour.com*.

SAN FRANCISCO SIGHTSEEING CO.

2,5-stündige Stadtrundfahrten *(tgl. 9–18 Uhr | 48 $)* per Bus mit Hop-on-hop-off an 20 Stopps sowie Ausflüge nach Napa und Monterey. *Abfahrt Pier 39 | Fisherman's Wharf | Tel. 1888 4 28 69 37 | www.sanfranciscosightseeing.com*

LOW BUDG€T

Mit *Muni Passports* können Sie sich mit Straßenbahn und Bus in der ganzen Stadt frei bewegen: 1 Tag kostet 21 $, 3 Tage 32 $, 7 Tage 42 $, regulärer Fahrpreis 2,50 $, Cable Car 7 $. *www.sfmta.com*

Wer viel besichtigen möchte, sollte sich für 89 $ den *CityPass San Francisco* kaufen, enthalten sind u. a. eine Hafenrundfahrt und Eintritte fürs *De Young Museum* oder das *Exploratorium* und die *California Academy of Sciences* sowie der *Muni Passport* für eine Woche. Oder die *GO San Francisco Card (www.smartdestinations.com):* Bis zu 26 Attraktionen können Sie bei freier Auswahl zu vergünstigten Preisen erleben.

Sie würden gern Details über den Castro District erfahren, über den Goldrausch, das Erdbeben 1906? Kein Problem. Die ehrenamtlichen Führer von *City Guides* bieten täglich kostenlose *walking tours* durch die Stadt an. Programm: *www.sfcityguides.org*.

WOKWIZ TOURS
Kundige Führungen durch Chinatown inklusive Lunch in einem der Lokale. *Tgl. 10 Uhr | 50 $ | Tel. 1650 3 55 96 57 | www.wokwiz.com*

ESSEN & TRINKEN

Streetfood ist auch in San Franisco Trend, mexikanisch, asiatisch, amerikanisch! Ein Dutzend der beliebten rollenden Buden steht jeden Tag an anderen Treffpunkten in der City – und oft wird eine Party daraus: sonntagabends im Presidio, samstags am Fort Mason usw. Aktuelle Infos der Standorte im Netz: *offthegridsf.com*.

INSIDER TIPP ARIZMENDI BAKERY (U C3) (*f*f c3)
San Franciscos Antwort auf die Fast-Food-Manie: Bäckerei am Südrand des Golden Gate Park, die den Angestellten gehört und leckere Brote, Pizzen und Focaccias verkauft. *1331 9th Av. (auch 1268 Valencia Street) | www.arizmendibakery.com* | €

B RESTAURANT (U F2) (*f2*)
Von der Terrasse oder hinter den riesigen Glasfronten öffnet sich der Blick auf die Skyline der City. Kalifornische Küche. *Yerba Buena Center | 720 Howard Street | Tel. 1415 4 95 98 00* | €€

FARALLON (U E2) (*e2*)
Bester Fisch, oft phantasievoll angerichtet. Außergewöhnlich: die Barstühle in Tintenfischform. *450 Post Street/Mason Street | Tel. 1415 9 56 69 69 | www.farallonrestaurant.com* | €€€

INSIDER TIPP PUERTO ALEGRE
(U E3) (*e3*)
Authentische mexikanische Küche und gute Margaritas mitten im angesagten Mission District. *546 Valencia Street | Tel. 1415 2 55 82 01* | €–€€

SAM'S GRILL (U F2) (*f2*)
Ein Klassiker: Fisch, frische Muscheln und Krabben in einer beliebten Restaurantgasse. Guter Lunch. *374 Bush Street | Tel. 1415 4 21 05 94* | €€–€€€

THIRSTY BEAR (U F2) (*f2*)
Trendige Braukneipe mit Ökobier und superleckeren Tapas. *661 Howard Street | Tel. 1415 9 74 09 05* | €€–€€€

YANK SING (U F2) (*f2*)
EIne großartige Dim-Sum-Auswahl am Rand des Financial District. *49 Stevenson Street | Tel. 1415 5 41 49 49* | €

EINKAUFEN

San Franciscos Shoppingszene glänzt weniger durch riesige Malls als durch Tausende kleiner, hochwertiger Geschäfte mit oft einzigartiger Auswahl. Kaufhäuser und Boutiquen konzentrieren sich in folgenden Vierteln: Die Gegend um den *Union Square* ist das Shoppingzentrum von Downtown mit berühmten großen Kaufhäusern wie Macy's und Neiman Marcus und Luxusläden wie Hermes und Gucci. Das *San Francisco Center (865 Market Street/Powell Street)* mit dem Kaufhaus Nordstrom und 35 Geschäften sowie die *Crocker Galleria (50 Post Street/Kearny Street)* mit 50 Shops und Restaurants liegen mitten im Gewühl.
Andere Hotspots zum Einkaufen: *Union Street* zwischen Fillmore Street und Van Ness Street (Schuhe, Mode), *Fillmore Street* zwischen Jackson Street und Sutter Street (Boutiquen und Galerien), *Hayes Street* westlich der City Hall (Avantgarde-Boutiquen), *Haight Street* zwischen *Stanyan Street* und *Central Av.* (schrille Citywear, Antiquitäten).
Ausschließlich Produkte aus biologischem Anbau erhalten Sie samstags auf dem **INSIDER TIPP** *Farmer's Mar-*

ket beim Ferry Building. Dazu gibt's an den zahlreichen Imbissbuden Biofleisch-Tacos, vegane Pizzen und Biogebäck.

AMOEBA MUSIC (U D3) (*d3*)
Neue CDs und alte Vinylscheiben sind nirgends so günstig wie in diesem riesigen Musikladen im früheren Hippieviertel. *1855 Haight Street | www.amoeba.com*

GOLDEN GATE FORTUNE COOKIE COMPANY (U F2) (*f2*)
Kleines, etwas verstecktes Geschäft, in dem chinesische Glückskekse hergestellt werden – man kann zusehen und auch direkt kaufen. *56 Ross Alley/Jackson Street*

R & J GIFTS (U E1) (*e1*)
Schilder, Logo-Kappen, Magnete – schlichtweg alle Amerika-Souvenirs, die Sie je wollten. *2633 Taylor Street*

AM ABEND

Die besten Adressen für heißes Nachtleben sind das frühere Fabrikgelände ★ *SoMa (South of Market)* und die Schwulenbars im Viertel *Castro* und an der *Folsom Street* (U E3–F2) (*e3–f2*). Die Bars und Clubs des *Financial District* (U F2) (*f2*) und der *Union Street* (U D2) (*d2*) sind Reviere der urbanen Elite. In den berühmten Kaffeebars an der *Columbus Street* (U E1–F2) (*e1–f2*) in North Beach kehrten schon Jack Kerouac – im *Vesuvio Café (Nr. 255)* – und Francis Ford Coppola ein.
Aktuelle Veranstaltungskalender finden Sie zudem im *San Francisco Weekly*, im *San Francisco Guardian* und in der Sonntagsausgabe des *San Francisco Examiner*, aber auch im Internet unter *www.sfweekly.com, www.sfbg.com, www.sfgate.com*.

CAFÉ DU NORD (U D3) (*d3*)
Livejazz, Salsa, Loungemusic, dazu gibt's Tapas. *2174 Market Street/Sanchez Street | Tel. 1415 4712969 | www.cafedunord.com*

Schrill die Mode, angesagt das Viertel: Haight-Ashbury

THE FILLMORE (U D2) (*d2*)
Legendäre Konzertbühne, auf der schon die besten Bands der USA aufgetreten sind. *1805 Geary Blvd. | Tickets unter Tel. 1800 7453000 | thefillmore.com*

EL TECHO DE LOLINDA (U E4) (*e4*)
Die Szene trifft sich auf der Dachterrasse zu Margaritas. Dazu gibt's Tapas wie

Ceviche mit Mango – oder dicke Steaks im Erdgeschoss. *2516 Mission Street | Tel. 1415 5 50 69 70 | eltechosf.com*

RUBY SKYE (U E2) (*e2*)
Schicker Nightclub auf zwei Ebenen, DJs spielen guten House- und Technosound. *420 Mason Street | Tel. 1415 6 93 07 77 | www.rubyskye.com*

TEN 15 (U E3) (*e3*)
Riesendisko auf drei Etagen, mit hipper Lasershow bis zum Morgen, oft Livemusik. *1015 Folsom Street | Tel. 1415 9 91 10 15 | www.1015.com*

INSIDER TIPP **TONGA ROOM**
(U E2) (*e2*)
Kitschiger geht nicht. Der Pool im Keller des Fairmont Hotels wurde 1945 mit polynesischen Grashütten zur *Tiki Bar* umgestaltet – und bis heute kaum verändert. Großartig! Zum Dinner wird *Hulihuli chicken* serviert. Dazu gibt's Mai Tai oder Pina Coladas. *950 Mason Street | Tel. 1415 7 72 52 78*

ÜBERNACHTEN

GREEN TORTOISE HOSTEL
(U F2) (*f2*)
Vorwiegend junge Leute aus aller Welt treffen sich in diesem Hostel in North Beach. Für 40 $ gibt es ein Bett im Schlafsaal (Doppelzimmer 90 $). *40 Zi. | 494 Broadway | Tel. 1415 8 34 10 00 | www.greentortoise.com* | €

HARBOR COURT HOTEL (U F2) (*f2*)
Modern gestyltes, kleines Hotel nur wenige Schritte vom Ferry Building. Einige der Zimmer haben Blick auf die Bay. Sehr guter Japaner im Haus: *Ozumo. 131 Zi. | 165 Steuart Street | Tel. 1415 8 82 13 00 | www.harborcourthotel.com* | €€–€€€

HOTEL DEL SOL (U D1) (*d1*)
Charmante Bleibe im Marina District; stilvoll und farbenfroh dekoriert. *57 Zi. | 3100 Webster Street | Tel. 1415 9 21 55 20 | www.jdvhotels.com* | €€

LOEWS REGENCY (U F2) (*f2*)
Gepflegter Luxus in internationalem Ambiente. Mehrfach ausgezeichnetes Hotel mit Blick auf die Skyline. *151 Zi. | 222 Sansome Street | Tel. 1415 2 76 98 88 | www.loewshotels.com* | €€€

THE MOSSER HOTEL (U F2) (*f2*)
Außen viktorianisch, innen modern. Gute Mittelklasse und in bester Lage zwischen Market Street und SoMa. Die preiswerten Zimmer mit Etagenbad. *166 Zi. | 54 4th Street | Tel. 1415 9 86 44 00 | www.themosser.com* | €–€€€

ORCHARD GARDEN HOTEL
(U F2) (*f2*)
Schadstofffreie Wandfarbe, die Lampen werden mit dem Zimmerschlüssel automatisch geschaltet – alles ist ökologisch durchdacht. Und die Lage beim Union Square ideal. *86 Zi. | 466 Bush Street | Tel. 1415 3 99 98 07 | www.theorchardgardenhotel.com* | €€€

AUSKUNFT

VISITOR CENTER (U E–F2) (*e–f2*)
Broschüren, Stadtpläne, Infos und Hotelreservierung. Verkauf auch von *Muni-* und *CityPass*. *900 Market Street/Powell Street | Hallidie Plaza/Untergeschoss | Tel. 1415 3 91 20 00 | www.sftravel.com*

ZIELE IN DER UMGEBUNG

MUIR WOODS NATIONAL MONUMENT
(136 B–C6) (*B7*)
Nur 25 km nördlich schützt am Highway 101 (Abfahrt: Stinson Beach) dieser Na-

turpark die letzten, über 80 m hohen *redwoods* der Bay Area. Am Parkeingang verzaubert ein Spaziergang durch *Cathedral* und *Bohemian Grove*. Im benachbarten *Mount Tamalpais State Park* unterbrechen Eukalyptushaine die Waldlandschaft. Zwei beliebte Surferstrände liegen zu Füßen von Muir Woods: *Stinson* und *Muir Beach*.

SAUSALITO & TIBURON
(136 C6) (*B7*)

Sausalito (7300 Ew.) und *Tiburon* (8300 Ew.) sind zwei liebenswerte Städtchen, die San Francisco gegenüber in Marin County liegen. Schön sind an beiden Orten vor allen Dingen die Straßen direkt an der Bucht mit den vielen Boutiquen, Galerien und Restaurants. Herrlicher Blick auf die San Francisco Bay von Restaurants wie *The Trident* und *Spinnaker* oder *Barrel House Tavern*. Pittoresk ist die bunte Ansammlung von 400 Hausbooten an der Richardson Bay nördlich von Sausalito.

Besonders lohnenswert ist die Anreise per ★ *Fähre nach Sausalito (alle 1 ½ Std. vom Ferry Building, Fahrtzeit: ½ Std. | Golden Gate Ferry | Market Street/Embarcadero | Tel. 1415 4 55 20 00)*, die quer über die Bucht vorüber an Alcatraz und der Golden Gate Bridge führt – eine richtige kleine Sightseeingtour.

SILICON VALLEY (138 A2) (*B8*)

Die Wortschöpfung für die massierte Ansiedlung von Computer- und Chipherstellern im Santa Clara Valley dokumentiert Kaliforniens Innovationskraft. Viel aber gibt es nicht zu sehen von den technischen Giganten wie Intel, Apple oder Google: Industriehallen, Ladenstraßen und Wohnviertel prägen das Bild zwischen Palo Alto und San Jose. Informativ und sehr gut gemacht ist das *Computer History Museum (Mi–So 10–17 Uhr | Eintritt 17,50 $ | an der US 101, Exit Shoreline Blvd. | www.computerhistory.org)*, dessen Ausstellungen von alten Cray-Computern bis zum autonom fahrenden Google-Auto reichen.

Auf der anderen Seite der Bay: Tiburon und Sausalito avancierten zu Nobelvorstädten

DER NORDEN

Herbe und einsame Natur mit schroffer Küste und endlos weitem, waldreichem Inland – der 600 km lange Abschnitt zwischen San Francisco und der Grenze zu Oregon unterscheidet sich völlig von dem Sonnenschein- und Surfland in den südlichen Breiten Kaliforniens.

Das Meer ist hier kalt und besitzt gefährliche Strömungen. Doch das Land der Kliffe und nebelverhangenen Strände, der riesigen Redwoodwälder und der versteckten, illegalen Marihuana-Anpflanzungen bietet überraschende Kontraste. Sie reichen von aktiven Vulkanen mit dampfenden Schwefelquellen bis hin zu lieblichen Tälern – darunter das berühmte Napa Valley –, in denen die besten Weine der USA angebaut werden. Man kann bei einem Tagesausflug von San Francisco aus das Weinland erkunden – doch das allein wäre schade, denn in Napa beginnt der Norden erst.

EUREKA/ NORDKÜSTE

(136 A–B 1–3) (*A3–5*) **Die an der Küste wachsenden Mammutbäume, *redwood* oder auch *sequoia sempervirens* genannt, gehören zu den größten Sehenswürdigkeiten der Region.**

Hauptort ist *Eureka* (26 000 Ew.) an der weiten Humboldt Bay, das in der Altstadt um die Third Street 100 gut erhaltene viktorianische Häuser aus der Zeit der reichen Holzfäller um 1900 besitzt.

Bild: Trinidad State Beach

Der Norden ist spärlich besiedelt, lieblich und wild – ein bisschen wie der Wilde Westen von einst

Fort Humboldt, am Südende der Stadt, diente einst als Wachposten zum Schutz vor Indianerüberfällen. Nördlich von Eureka liegen einige der herrlichsten und einsamsten Strände Amerikas, darunter *North Jetty* bei Arcata und *Trinidad State Beach* in der Nähe von Trinidad.

SEHENSWERTES

BLUE OX MILL WORKS

Das gut gemachte Museumsdorf lädt zur Zeitreise in die Boomtage der Holzfällerei: mit Bootswerft, Camp und Holzwerkstatt aus der viktorianischen Ära ab 1852. *Mo–Fr 9–17, Sa 9–16 Uhr | Eintritt 10 $ | 1 X Street | www.blueoxmill.com*

REDWOODBÄUME

Viele der rotstämmigen Giganten ragen über 100 m hoch in den Himmel. *Richardson Grove State Park* (136 A3) (A5) am Highway 101 bietet einen reizvollen Auftakt. Eine wahre Parade wartet an den Ufern des Eel River, an der ★ *Avenue of the Giants,* im *Hum-*

Redwood National Park: seit 1980 Weltnaturerbe der Unesco

boldt Redwoods State Park (136 A–B3) (*A5*). Gut 50 km verläuft die Panoramastraße parallel zum Highway 101.

ESSEN & TRINKEN

SAMOA COOKHOUSE

Letztes der alten *cookhouses,* in denen die großen *lumber companies* früher die Holzfäller verköstigten. Kalorienreiche Hausmannskost. Mit angeschlossenem Museum. *Hwy. 101 über die Samoa Bridge | Tel. 1707 4 42 16 59 | www.samoacookhouse.net* | €

FREIZEIT & SPORT

HUMBOATS KAYAK ADVENTURES

Verleih und geführte Kajaktouren durch die Humboldt Bay. *601 Startare Drive | Tel. 1707 4 43 51 57 | www.humboats.com*

ÜBERNACHTEN

CARTER HOUSE INNS

Vermietet werden Zimmer in prächtig renovierten viktorianischen Häusern, sehr gutes Restaurant. *30 Zi. | 301 L Street | Eureka | Tel. 1707 4 44 80 62 | www.carterhouse.com* | €€–€€€

REQUA INN

Der historische *country inn* am Klamath River ist perfekt als Standort für Wandertouren in die *redwoods;* gute Küche. *15 Zi. | 451 Requa Road | Klamath | Tel. 1707 4 82 14 25 | www.requainn.com* | €–€€

SEA CLIFF MOTEL

Kleines älteres Motel, idyllisch gelegen im Wald. *4 Zi. | 1895 Patricks Point Drive | Trinidad | Tel. 1707 6 77 34 85* | €–€€

AUSKUNFT

CALIFORNIA'S REDWOOD COAST

322 1st Street | Eureka | Tel. 1800 3463482 | www.redwoods.info, www.nps.gov/redw

ZIELE IN DER UMGEBUNG

FERNDALE (136 A3) (A4)

Der verschlafene Ort (1300 Ew.) rund eine halbe Stunde südlich von Eureka könnte fast als Architekturmuseum durchgehen, so viele verzierte viktorianische Bauten blieben erhalten. Das kleine *Ferndale Museum (Mo/Di geschl.)* erzählt die Geschichte des Eel-River-Tals und der Redwoodwälder. Im *Ferndale Art and Cultural Center (580 Main Street)* stellen örtliche Künstler aus. Und höchst skurrile Fortbewegungsmittel sind Ende Mai zu bewundern: Dann endet hier die INSIDER TIPP *Kinetic Grand Championship*, ein dreitägiges Rennen, das ganz ökologisch nur mit Menschenkraft ausgetragen wird.

LOST COAST (136 A3–4) (A4)

Hier kapituliert selbst der *Highway 1*. Die Küstenstraße, die Big Sur so meisterhaft bewältigt hat, dreht hinter Fort Bragg kleinlaut bei. Der Grund liegt geradeaus: Hier öffnet sich eine dramatische, tief zerfurchte Küste, vor der die erfahrensten Straßenbauer resignierten. Landschaftliche Höhepunkte setzen der *Sinkyone Wilderness State Park* und die *King Range National Conservation Area*, die sich auf dem *Lost Coast Trail* erwandern lässt, der zu Schiffswracks und einem verlassenen Leuchtturm führt. *Infos: Bureau of Land Management (www.blm.gov/ca)*.

REDWOOD NATIONAL PARK (136 A1–2) (A4)

Bei *Orick* rund 60 km nördlich von Eureka beginnt das größte Schutzgebiet der Küsten-*redwoods*. In dem auf mehrere Stücke verteilten Areal von ca. 500 km² stehen einige der höchsten Bäume der Welt – bis zu 112 m hoch. Gut hundert Jahre setzten die Äxte der Holzfäller den Wäldern hier zu, ehe 1968 der Park geschaffen wurde. Er birgt 16 000 ha alten Baumbestand – knapp die Hälfte aller noch stehenden *redwoods*. Die schönsten Haine mit Lehrpfaden liegen im *Prairie Creek Redwoods State Park* entlang des *Newton P. Drury Scenic Parkway*, in der *Lady Bird Johnson Grove* und der *Tall Trees Grove* bei Orick. Dort gibt es im *Kuchel Visitor Center* am Highway 101 kostenlose *permits* für Wanderungen.

Weiter im Norden bei *Crescent City* lohnt sich eine Fahrt auf der Howland Hill Road

MARCO POLO HIGHLIGHTS

★ Avenue of the Giants
Parade der Riesenbäume → S. 45

★ Lassen Volcanic National Park
Wo die Erde noch aktiv ist → S. 48

★ Mendocino
Bunte Künstlerdörfer und umtoste Klippen → S. 49

★ Skunk Train
Per Eisenbahn durchs Land der Redwoodwälder → S. 49

★ Mount Shasta
Der Nabel der Welt für Naturfreunde, Gipfelstürmer und New-Age-Jünger → S. 50

★ Napa Valley
Der Inbegriff kalifornischer Weinkultur → S. 52

und der schmalen Douglas Park Road durch den *Jedediah Smith Redwoods State Park* zur *Stout Grove* (keine Camper). Tipp: Die Attraktion *Trees of Mystery* samt sprechendem Paul Bunyon, dem Rübezahl der *redwoods*, und Gondelfahrt durch den Wald bei Klamath ist zwar etwas verkitscht, birgt aber ein INSIDER TIPP *Indianermuseum* hinter dem Souvenirladen.

TRINIDAD (136 A2) (*A4*)

Der alte Hafenort eine halbe Fahrstunde nördlich von Eureka lohnt den Stopp wegen der herrlichen Lage am Meer. Dazu locken Lachsräuchereien wie *Katy's Smokehouse (740 Edwards Street)* und gute Fischlokale. Direkt an einer traumhaften Strandbucht schlemmt man im *Moonstone Grill (100 Moonstone Beach Road | Tel. 1707 6 77 16 16 | €–€€)*.

Großartige Aussichten verspricht auch nahebei der INSIDER TIPP *Patricks Point State Park*, eines der schönsten Kaps der Nordküste mit einsamen Steilklippen, Stränden und einem rekonstruierten Dorf der Yurok-Indianer. Im Frühjahr und Herbst sind von Trinidad aus häufig Wale zu beobachten.

LASSEN VOLCANIC NAT. PARK

(137 D3) (*C4–5*) ★ **Nackte Geröll- und Aschekegel, brodelnde Schlamm- und Schwefelquellen lassen erahnen, wie es im Untergrund des letzten aktiven Vulkans in Kalifornien aussehen muss.**

Aber keine Angst, die teils mehrstündigen Lehrpfade zu Attraktionen wie *Sulphur Works Thermal Area* und *Bumpass Hell* sind dennoch sicher zu erwandern und höchst beeindruckend. *Hot Rock* ist ein 400 t schwerer Lavabrocken, der meilenweit durch die Luft geschleudert

Unter der Erde brodelt, zischt und faucht es: Lassen Volcanic National Park

wurde. *Chaos Jumbles* besteht aus unzähligen, über 4 km² verstreuten Lavabrocken. Der Vulkan war 1914–1921 über 300-mal aktiv und „schläft" Geologen zufolge nur. Der Nationalpark liegt 150 km südöstlich von Mount Shasta am Highway 89. *Mount Lassen* ist der südlichste Gipfel der vulkanischen Cascade Range, 3178 m hoch und das ganze Jahr über schneebedeckt. Auch er ist auf einem Wanderweg zugänglich (im Sommer 5 Std.).

ÜBERNACHTEN

BIDWELL HOUSE

Historische Villa mit charmantem B & B in einem kleinen Pionierort am Südrand des Nationalparks. *14 Zi. | 1 Main Street | Chester | Tel. 1530 2583338 | www.bidwellhouse.com* | €–€€

AUSKUNFT

Informationen zum Nationalpark erhalten Sie in den *ranger stations*. Die größte befindet sich im *Loomis Museum* am Nordwesteingang. Das *Park Headquarter (SR 36, 14 km außerhalb des Parks | Tel. 1530 5954480 | www.nps.gov/lavo)* liegt in *Mineral*.

MENDOCINO

(136 A4) (*A6*) **Steilklippen und umtoste Strandbuchten prägen die Küste zwischen Gualala und Fort Bragg.**

Entlang des Highway 1 liegen idyllische Dörfer, landeinwärts kleine Weingüter. Der bekannteste Ort ist ★ *Mendocino* (800 Ew.), dessen gut erhaltene viktorianische Altstadt mit ihren traditionellen Holzhäusern reizvoll auf einer Halbinsel liegt und heute ein Zentrum für Kunst und Kunsthandwerk ist.

ESSEN & TRINKEN

CAFÉ BEAUJOLAIS

Ein Gourmettempel mit hübschem Garten. Die Spezialität: Stör. Reservieren! *961 Ukiah Street | Tel. 1707 9375614 | www.cafebeaujolais.com* | €€€

GOODLIFE

Bio-Bäckerei, die auch Frühstück und Lunch serviert – auch glutenfrei und vegetarisch. *10483 Lansing Street* | €–€€

FREIZEIT & SPORT

CATCH A CANOE & BICYCLES, TOO!

Vermietet werden Kajaks, Kanus und auch Bikes. Ein guter Startpunkt für schöne Radtouren entlang der Pazifikküste. *Im Stanford Inn | Ukiah Road/Hwy. 1 | Tel. 1707 9370273 | www.catchacanoe.com*

SKUNK TRAIN ★

Ein Erlebnis ist die Fahrt mit der historischen Dampfeisenbahn durch die Redwoodwälder von Fort Bragg nach Willits. *Hwy. 1 | Laurel Street | Fort Bragg | Tel. 1707 9646371 | www.skunktrain.com*

ÜBERNACHTEN

AGATE COVE INN

Perfekt für die Flitterwochen, kleine Hütten in schönster Lage an der Küste. *12 Zi. | 11201 Lansing Street | Tel. 1707 9370551 | www.agatecove.com* | €€–€€€

THE ALBION RIVER INN

An der Mündung des Albion River. Viele Zimmer mit offenem Kamin. Restaurant mit Pazifikblick und feiner Regionalküche. *22 Zi. | 3790 N Hwy. 1 | Albion | Tel. 1707 9371919 | www.albionriverinn.com* | €€€

MOUNT SHASTA

(136 C1–2) (B4) **Die Region um den Mount Shasta und die Cascade-Bergkette ist ein Land der tiefen Wälder, Seen, Gletscher und Vulkane, Domäne der Wanderer, Fischer und Kanuten.**
Im *Shasta National Forest* finden Sie 2500 km einsame Wanderwege. Der *Shasta Dam* mit einer 155 m hohen Staumauer hält das Wasser für den künstlichen *Lake Shasta* mit einer 500 km langen Uferlinie zurück – ein beliebtes Revier für Hausboottouren.

SEHENSWERTES

MOUNT SHASTA ★ ●

Der 4317 m hohe und das ganze Jahr schneegekrönte Berg ist von weither sichtbar. Acht Gletscher schmiegen sich an seine Hänge, entlang des Wegs zum Gipfel dampfen heiße Quellen: Den Indianern einst der Sitz des Großen Geists, ist Mount Shasta den New-Age-Jüngern heute Heimat von Außerirdischen. Der *Everett Memorial Highway* bietet einen phantastischen Blick auf Berge und Täler. Vom Parkplatz *Bunny Flat* aus führt ein Trail 8 km und 2300 Höhenmeter auf den Gipfel – eine Tour nur für erfahrene Bergwanderer.

MOUNT SHASTA (ORT)

Ein sympathisches Städtchen (3500 Ew.), am Fuß des gleichnamigen Bergs gelegen. Viele Läden verkaufen Kristalle und esoterische Bücher. Die Quelle des *Sacramento River* ist eine Pilgerstätte für Ashram-Jünger und Naturphilosophen, überall werden Heilungen und Massagen angeboten.

LOW BUDG€T

Zum Frühstück *pancakes* oder Eier mit Speck, den Rest des Tages dicke Steaks und Burger: In Mount Shasta eröffnete die erste Filiale der *Black Bear Diner (401 W Lake Street)*.

Eine günstige Alternative zu teuren Küstenorten wie Mendocino ist der alte Holzfällerort *Fort Bragg* nur eine halbe Stunde Fahrt weiter nördlich. Hier kosten Motelzimmer meist unter 100 $, so z. B. im *Surf Motel (1220 S Main Street | Tel. 1800 3 39 53 61)*.

ESSEN & TRINKEN

SEVEN SUNS CAFE

Gemütlicher Coffeeshop mit Terrasse am Südrand der Stadt. Nur Frühstück und Lunch. *1011 S Mount Shasta Blvd. | Mount Shasta | Tel. 1530 9 26 97 01 |* €

FREIZEIT & SPORT

FISCHEN

Angelgenehmigungen fürs Forellenfischen im Lower Sacramento und anderen Flüssen gibt es in Sport- und Lebensmittelgeschäften für zwei oder für zehn Tage. Touren arrangiert *The Fly Shop (4140 Churn Creek Road | Redding | Tel. 1800 6 69 34 74)*.

HAUSBOOTE

Die Stauseen um Redding sind im Sommer sehr beliebt für Hausbootferien. Buchung bei: *Packer's Bay Marina (Shasta Lake | Tel. 1800 9 59 33 59 | www.shastalake.net)*; Lake Trinity: *Trinity Alps Marina (Lewistown | Tel. 1530 2 86 22 82 | www.trinityalpsmarina.com)*.

Geduld mitbringen: Fliegenfischer im Lower Sacramento River bei Redding

RIVER DANCERS

Ein- bis dreitägige Raftingtrips auf dem Klamath und dem Sacramento River. Ruhige Driftfahrten für Anfänger und Familien – oder auf reißendem Wildwasser für Adrenalinjunkies. *705 Kenneth Way | Mount Shasta | Tel. 1530 9250237 | www.riverdancers.com*

ÜBERNACHTEN

MCCLOUD HOTEL

Gutes, renoviertes B & B in historischem Gebäude. *4 Suiten (mit Jacuzzi), 12 Zi. | 408 Main Street | McCloud | Tel. 1530 9642822 | www.mccloudhotel.com* | €€

MOUNT SHASTA RANCH

Ein imposantes Ranchhaus von 1923 mit Bonanza-Flair. Einfach großartig ist die Veranda mit schönem Blick auf den Mount Shasta. *1008 W. A. Barr Road | Mount Shasta | Tel. 1530 9263870 | www.mountshastabedandbreakfast.com* | €–€€

RAILROAD PARK RESORT

Nostalgisch und nicht nur für Bahnfans: In diesem Resort schlafen Sie in restaurierten Passagier- und Bremswagen aus dem Wilden Westen. Mit Pool. *100 Railroad Park Road | Dunsmuir | Tel. 1530 2354440 | www.rrpark.com* | €€

INSIDER TIPP STEWART MINERAL SPRINGS

Hippienostalgie pur: In der idyllisch gelegenen Unterkunft gibt es einfache Blockhütten, Motelapartments und ganz billig: Tipis. Der Clou: ein altes Badehaus aus Holz mit einer kaminbefeuerten Sauna. *Weed | Tel. 1530 9382222 | www.stewartmineralsprings.com* | €

AUSKUNFT

SHASTA CASCADE WONDERLAND ASSOCIATION

Welcome Center: *1699 Hwy. 273 | Anderson | Tel. 1530 3657500 | www.shastacascade.com*

ZIEL IN DER UMGEBUNG

REDDING (136 C3) *(🗺 B4)*
Guter Ausgangspunkt für Touren. Die Attraktion der Stadt (90 000 Ew.) rund 100 km südlich ist der *Turtle Bay Exploration Park (tgl. 9–17, Sa/So ab 10 Uhr | Eintritt 16 $ | Hwy. 44 | www.turtlebay.org)*, eine weitläufige Gartenanlage mit Museen und der einzigartigen INSIDER TIPP *Sundial Bridge*, einer freitragenden Schrägseilbrücke von Santiago Calatrava über den Sacramento River, die zugleich als riesige Sonnenuhr dient.

NAPA VALLEY

(136 C5–6) *(🗺 B6–7)* ★ **In dem 40 km langen, zu Recht berühmtesten Weintal Amerikas drängen sich gut 200 Weingüter mit einer Anbaufläche von 150 km².**
Die Stadt *Napa* (78 000 Ew.) am Südeingang des Tals ist das Versorgungszentrum, die Kellereien liegen weiter nördlich entlang des Highway 29. Als Rundtour können Sie den *Silverado Trail* auf der Ostseite des Tals zurückfahren.

SEHENSWERTES

WEINDÖRFER
In der Stadt *Napa* lohnt neben der restaurierten kleinen Altstadt der *Farmer's Market (Mai–Okt. Di und Sa morgens | 501 1st Street)* einen Besuch. Mehrere exzellente Restaurants sowie die alte Destille *V Marketplace*, heute ein hübsches Shoppingcenter, haben *Yountville* bekannt gemacht. Nördlich davon liegen um *Rutherford*, *Oakville* und *Saint Helena* die meisten der bekannten Weingüter. Das von idyllischen Hügeln umrahmte *Calistoga* (5000 Ew.) ganz im Norden hat sich vor allem als Heilbad einen Namen gemacht und besitzt – der vulkanische Boden lässt grüßen – einen echten Geysir: den *Old Faithful*.

WEINGÜTER
Die meisten Kellereien offerieren Weinproben *(meist 15–40 $ Gebühr)* und eini-

Die edlen Tropfen aus dem Napa Valley gehören zu den besten weltweit

ge verfügen auch über erstklassige Restaurants. Das kleine Erdbeben von 2014 kostete zwar einige Flaschen, aber längst ist alles wieder aufgeräumt. Gute Führungen bieten *Beringer Vineyards (Saint Helena | Tel. 1707 3 02 75 92)*, *Robert Mondavi (Oakville | Tel. 1888 7 66 63 28)* und die Sektkellerei *Schramsberg (Calistoga | Tel. 1707 9 42 45 58)*.
Ebenfalls sehenswert: *Clos Pegase* mit spektakulärer Architektur von Michael Graves (Calistoga), die *Inglenook Winery* des Filmregisseurs Francis Ford Coppola bei Rutherford, *Sterling Vineyards* hoch über dem Tal bei Calistoga sowie die Champagnerkellerei *Domain Chandon* (Yountville).
Interessant ist zudem die INSIDER TIPP *Hess Collection (Tel. 1707 2 55 11 44 | www.hesscollection.com)* in den Hügeln oberhalb von Napa mit einer Sammlung moderner Kunst. Hess zählte übrigens bereits 2008 zu den ersten zehn Weingütern Kaliforniens, die ein Ökozertifikat für nachhaltigen Weinbau ohne Pestizide erhielten.

ESSEN & TRINKEN

INSIDER TIPP CINDY'S BACKSTREET KITCHEN

California Cuisine zu vernünftigen Preisen. Fabelhafte Weinauswahl, auch zum Verkosten in der Bar. *1327 Railroad Av. | Saint Helena | Tel. 1707 9 63 12 00 | €€*

OXBOW PUBLIC MARKET

Gourmetmarkt mit Bioläden (Austern!), kleinen Lokalen und mehreren Weinhändlern. Super-Bioburger serviert *Gott's Roadside (€). 610 1st Street | Napa*

TERRA

Sternelokal mit California Cusine in Perfektion. *1345 Railroad Av. | Saint Helena | Tel. 1707 9 63 89 31 | €€€*

ZUZU

Spanisch-kalifornische Tapas, hergestellt aus Bioprodukten, sowie gute Weine. *829 Main Street | Napa | Tel. 1707 2 24 85 55 | €€*

EINKAUFEN

NAPA PREMIUM OUTLETS

Gutes Outlet mit 50 Läden großer Marken wie Hilfiger, Levi's, Nautica. *Mo–Sa 10–21, So 10–19 Uhr | Highway 29 | 1st Street Exit | Napa*

FREIZEIT & SPORT

NAPA VALLEY BALLOONS

Einmalig: bei Sonnenaufgang in einem Heißluftballon über den Weingärten schweben. *Inkl. Champagnerbrunch ca. 240 $ | Yountville | Tel. 1707 9 44 02 28*

SAINT HELENA CYCLERY

Radvermietung und Routentipps. *1156 Main Street | Saint Helena | Tel. 1707 9 63 77 36 | sthelenacyclery.com*

ÜBERNACHTEN

EL BONITA MOTEL

Stilvolles Nostalgiemotel am Highway 29 mit Garten und Pool. *23 Zi. | 195 Main Street | Saint Helena | Tel. 1707 9 63 32 16 | www.elbonita.com | €€–€€€*

INDIAN SPRINGS RESORT & SPA

Ältestes, jedoch 2015 renoviertes Spa des Heilbads Calistoga. Großer Mineralpool, dazu gibt es Schlammpackungen mit Vulkanasche und Massagen. *46 Zi. | 1712 Lincoln Av. | Calistoga | Tel. 1707 9 42 49 13 | www.indianspringscalistoga.com | €€€*

NAPA WINERY INN

Dreistöckiges, modernes Hotel am Highway 29, das neben einem Pool auch eine eigener Kleinbrauerei besitzt. *59 Zi. | 1998 Trower Av. | Napa | Tel. 1707 2577220 | www.napawineryinn.com |* €€–€€€

AUSKUNFT

NAPA VALLEY WELCOME CENTER

Infos auch zu den Weingütern. *600 Main Street | Tel. 1707 2515895 | www.visitnapavalley.com*

SONOMA VALLEY

(136 C6) *(🗺 B7)* **Das Sonoma Valley ist das kleinere und weniger überlaufene der beiden berühmten Weintäler des kalifornischen Nordens.**

Der Ort *Sonoma* (9600 Ew.) liegt eine Autostunde nördlich von San Francisco am Highway 12 und gilt als Geburtsort des kalifornischen Weins. Sein Mittelpunkt ist INSIDER TIPP eine lebendige Plaza, umgeben von Adobe-(Lehmziegel-)Häusern, 1835 vom mexikanischen General Mariano Vallejo angelegt.

Östlich von *Glen Ellen* finden Sie den *Jack London Historic State Park (tgl. 10–17 Uhr | Eintritt 10 $/Fahrzeug)*, der den Landbesitz und das Grab des Schriftstellers („Der Seewolf") umfasst. Das Haus ist heute ein Museum. Ganz in der Nähe können Sie in den Weingütern *Kunde (9825 Sonoma Hwy.)* und *Kenwood (9592 Sonoma Hwy.)* gute Merlots und Sauvignon Blancs verkosten.

Gleich außerhalb des Orts Sonoma verdient auch die *Buena Vista Winery* einen Besuch, das älteste Weingut der Region *(18000 Old Winery Road, schöner Picknickplatz)*. Zahlreiche weitere gute Weingüter finden Sie weiter nördlich um *Healdsburg*.

ESSEN & TRINKEN

JOHN ASH & CO.

Bekanntes Sternerestaurant mit kalifornischer Küche, Frische und Vielfalt ist Trumpf. Angeschlossen ist ein eines kleines, feines Luxushotel *(44 Zi.)*. *4350 Barnes Road | Santa Rosa | Tel. 1707 5277687 | www.vintnersinn.com |* €€€

INSIDER TIPP MAYA

Mexikanische Rezepte, raffiniert zubereitet mit marktfrischen Ingredienzen. *101 E Napa Street | Sonoma | Tel. 1707 9353500 |* €–€€

ÜBERNACHTEN

FAIRMONT SONOMA MISSION INN & SPA

Hotel aus den 1920er-Jahren, in dem Sie die heißen Quellen genießen können – und die dazugehörige *spa cuisine*. *226 Zi. | 100 Boyes Blvd. | Sonoma | Tel. 1707 9389000 | www.fairmont.com |* €€€

EL PUEBLO INN

Für die Sonoma-Region relativ preiswerte Bleibe im Haziendastil. *53 Zi. | 896 W Napa Street | Sonoma | Tel. 1707 9963651 | www.elpuebloinn.com |* €€

AUSKUNFT

SONOMA VALLEY VISITORS BUREAU

Karten und Infos auch über Weingüter und Restaurants. *Sonoma Plaza und am Hwy. 121 | Sonoma | Tel. 1707 9961090 | www.sonomavalley.com*

ZIELE IN DER UMGEBUNG

POINT REYES NATIONAL SEASHORE

(136 B6) *(🗺 B7)*

Einsame Strände, grüne Wiesen, Steilklippen: Point Reyes ist das letzte große, völlig unberührte Schutzgebiet an der Küste Kaliforniens. Ein ideales Wanderrevier sind die dramatischen Küstenlandschaften vor allem im Frühjahr während der Blüte der Wildblumen und zum Walebeobachten – im Sommer herrscht hingegen viel Nebel. Das Schutzgebiet liegt etwa 50 km von Sonoma und in derselben Distanz zu San Francisco, sodass sich gut eine zwei- bis dreitägige Rundfahrt mit Wein und Küste planen lässt.

Für Hobbyornithologen interessant ist die *Bolinas Lagoon (www.egret.org)* der *Audubon Canyon Ranch,* wo jedes Frühjahr Hunderte von Reihern nisten. Kajak- und Wandertouren um die Tomales Bay, auch Kajakvermietung, organisiert *Blue Waters Kayaking (12938 Sir Francis Drake Blvd. | Inverness | Tel. 1415 6 69 26 00 | www.bluewaterskayaking.com).*

Ein guter Übernachtungstipp ist die *Point Reyes Seashore Lodge (10021 Hwy. 1 | Olema | Tel. 1415 6 63 90 00 | www.pointreyesseashore.com | €€–€€€),* die zwar nicht am Meer liegt, aber 24 sehr komfortable Zimmer bietet.

SONOMA COAST (136 B5–6) (*A6–7*)

Zwischen *Bodega Bay* und *Gualala* erleben Sie einen der Höhepunkte Ihrer Kalifornienreise: Küste pur. Steil, zerrissen und mit pittoresken Strandbuchten. *Bodega Bay,* ein Fischerdorf, 1775 gegründet und heute Hochburg für Hochseefischer, hat Filmgeschichte gemacht: Hier wurde Alfred Hitchcocks Schocker „Die Vögel" gedreht. Im *Fort Ross State Historical Park* steht die Nachbildung eines russischen Pelzhandelspostens aus dem Jahr 1812.

Das *Bodega Harbor Inn (14 Zi., 5 Ferienhäuser | 1345 Bodega Av. | Tel. 1707 8 75 35 94 | www.bodegaharborinn.com | €)* ist ein gemütliches Motel nur wenige Schritte vom Wasser. Teurer, aber stilvoller ist weiter nördlich bei Gualala die mit viel Holz gestaltete *Sea Ranch Lodge (19 Zi., 12 Ferienhäuser | 60 Sea Walk Drive | The Sea Ranch | Tel. 1707 7 85 23 71 | www.searanchlodge.com | €€€),* die in den 1960er-Jahren als eines der ersten energiesparenden Ökoresorts Kaliforniens gebaut wurde.

Ehemalige Landresidenz des Generals Mariano Vallejo, Gründer des Städtchens Sonoma

ZENTRAL-KALIFORNIEN

Die Hauptstadt Kaliforniens heißt nicht San Francisco und nicht Los Angeles, sondern Sacramento. Dass dieser Umstand kaum bekannt ist, liegt daran, dass das historische Zentrum des Staats sich hinter seiner Rolle als Obst- und Gemüseanbaugebiet versteckt.

Dabei entstand unweit von hier, in den Vorbergen der Sierra Nevada, das moderne Kalifornien. Das *Gold Country,* das von Oakhurst im Süden bis Nevada City im Norden reicht, bekam seinen Namen, als James Marshall am 24. Januar 1848 beim Bau eines Sägewerks die ersten Nuggets entdeckte. Bald schwärmten Hunderttausende von Abenteurern aus aller Welt über die Sierra Nevada aus, um ihr Glück zu machen. Einige wurden reich, die anderen fanden statt Goldklumpen nur hohe Preise, windschiefe Bretterbuden und verruchte Bars (50 gab es allein im Örtchen Coulterville). Viele kamen per Schiff um Kap Hoorn, manche auch quer über den Kontinent, wo sie an der Ostgrenze Kaliforniens noch die über 4000 m hoch aufragende Sierra Nevada überwinden mussten. Was damals eine Tortur war, ist heute ein Vergnügen: Herrliche Passstraßen und Wandertrails erschließen die dramatische Granitwelt der High Sierra. Parks wie Yosemite und Sequoia-/Kings Canyon oder Seen wie der Lake Tahoe und der bizarre Mono Lake sind hier populäre Ziele.

Das beliebteste Reiseregion Zentralkaliforniens liegt jedoch weiter im Westen: die 650 km lange Pazifikküste zwischen San Francisco und Los Angeles. Auf wei-

Bild: am Merced River im Yosemite Valley

Hochalpine Gipfelwelten und die Traumstraße am Pazifik – auf Sie warten kontrastreiche Erlebnisse im Herzstück Kaliforniens

ten Strecken sieht sie so aus, als sei sie von der Moderne vergessen worden, besonders das Stück zwischen Monterey und San Simeon. Einsame Sandstrände, zerklüftete Steilklippen und viel intakte Natur begleiten hier den Highway 1, die berühmte Traumstraße. Fotografen wie Ansel Adams und Edward Weston machten diesen Spielplatz von Ottern, See-Elefanten und Grauwalen berühmt durch ihre eindrucksvollen Bilder.

Den kleinen Städten am Weg haben die Spanier ihren Stempel aufgedrückt, die von Mexiko aus ab Mitte des 18. Jhs. diesen Landstrich missionierten. Geblieben sind pittoreske Missionen in charmanten Orten wie Carmel, San Luis Obispo oder Santa Barbara. Nicht zu vergessen die Liebe zum Weinbau, der heute im Hinterland der gesamten Küste wieder mit viel Erfolg gepflegt wird.

Die Central Coast durchfahren Sie am besten, egal ob von Norden oder Süden kommend, auf dem Highway 1. Er folgt auf fast der gesamten Länge der Küste. Doch Vorsicht: Es gibt kaum Querverbindungen zwischen der Küste und der Sierra Nevada. Deshalb empfiehlt sich eine Rundfahrt: zuerst die Küste nach Süden, später kehrt man entlang der Berge zurück nach Norden.

Ein Franzose war einer der ersten Goldschürfer: Claude Chana – verewigt als Denkmal in Auburn

GOLD COUNTRY

(137 D–E 4–6) (🕮 C–D 6–8) **Der berühmte ★ ● Highway 49 mit seinen alten Westernstädtchen verläuft von Oakhurst im Süden bis Nevada City im Norden einmal längs durchs historische Goldland am Hang der Sierra Nevada.**

Vom großen Goldrausch übrig blieben die von Schriftstellern wie Mark Twain verewigten Legenden sowie die über das Goldgräberland verstreuten hölzernen Zeugen, die teils als Geisterstadt verfallen, teils als Museum herausgeputzt wurden.

SEHENSWERTES

GOLDGRÄBERSTÄDTE

In den Zeiten des großen Goldrauschs starben oft kleine Städte schnell wieder aus, sobald Gerüchte von neuen Goldfunden aufkamen. Das fotogene Wildweststädtchen INSIDER TIPP *Jamestown* (137 E6) (🕮 C7) im Süden des Highway 49 bewahrt mit seiner recht authentischen *Main Street* gut das Flair der Pionierzeit. Im Freiluft-Eisenbahnmuseum *Railtown 1897 (im Sommer 9.30–16.30 Uhr | Eintritt 5 $ | 5th Av.)* werden Sie so manche Lok aus berühmten Hollywood-Western wiedererkennen.

Zu den noch sehr gut erhaltenen Orten gehören auch die alte Bergbaustadt INSIDER TIPP *Columbia* (137 E6) (🕮 C7) und *Sutter Creek* (137 D6) (🕮 C7). Das 65 km östlich von Sacramento gelegene *Placerville* (137 D5) (🕮 C6) hieß ursprünglich *Hangtown:* Hier war Tod durch den Strang einst die häufigste Todesursache. Das dortige *El Dorado County Historical Museum (Mi–Sa 10–16, So 12–16 Uhr | Eintritt frei | 104 Placerville Drive)* gibt einen guten Einblick in die Geschichte von Gold Country. Am Ortsrand wurde die *Gold Bug Mine (im Sommer 10–16 Uhr | Eintritt 7 $ | Bedford Av.)* für Besucher zugänglich gemacht, um den mühsamen Bergbau der damaligen Zeit zu zeigen.

Nördlich von Placerville liegt *Coloma* (137 D5) (*🕮 C6*), wo James Marshall den alles auslösenden ersten Goldklumpen fand. Im *Marshall Gold Discovery State Historic Park* wurde *Sutter's Mill*, das Sägewerk, für das Marshall arbeitete, eigens nachgebaut.

Die Altstadt von *Auburn* (137 D5) (*🕮 C6*) (11 000 Ew.) zeugt noch von der wilden Zeit des Goldrauschs, die *Empire Mine* bei Grass Valley schloss erst 1950, nachdem Gold für 100 Mio. Dollar aus dem Hauptschacht gefördert worden war. *Grass Valley* (137 D4) (*🕮 C6*) (12 000 Ew.), Alterssitz von Lola Montez, Tänzerin und Geliebte Ludwigs I. von Bayern, beherbergt auch das *North Star Mining Museum (im Sommer Di–Sa 12–16 Uhr | Eintritt frei | Allison Ranch Road)*.

Nevada City (137 D4) (*🕮 C6*) hatte 1850 bereits 10 000 Einwohner (heute sind es nur noch 3000) und ist eines der besterhaltenen Goldgräberstädtchen. Hinter schmucken Fassaden residieren Antikläden und gute Restaurants. 16 km nördlich liegt der *Malakoff Diggins Historic State Park* (137 D4) (*🕮 C6*), einst die größte Mine, in der Gold mit Wasserkraft aus den Felsen gewaschen wurde.

ESSEN & TRINKEN

BUTTER CUP PANTRY

Mit viel Pionierrelikten dekoriertes Westernlokal, sehr beliebt zum Frühstück. *222 Main Street | Placerville | Tel. 0530 6 21 13 20 |* €–€€

SAINT CHARLES SALOON

Fotogene 150 Jahre alt und immer noch etwas verrucht. *22801 Main Street | Columbia | Tel. 1209 5 33 46 56 |* €

MARCO POLO HIGHLIGHTS

★ Highway 49
Wildwestorte und Panoramablicke: Gut 300 km lang schlängelt sich der Highway 49 durchs Goldgräberland → S. 58

★ Highway 1
Perfekte Steilküstenkulisse für das eigene Roadmovie → S. 60

★ Carmel
Einst Künstlerkolonie, heute ein hübsches Strandstädtchen → S. 62

★ Monterey Bay Aquarium
Faszinierende Unterwasserwelt → S. 63

★ Lake Tahoe
Der größte Bergsee Nordamerikas → S. 63

★ Santa Barbara
Junge Szene, heitere Atmosphäre, Palmenalleen und feinsandige Strände → S. 68

★ Sequoia/Kings Canyon
2500 Jahre alt: Mammutbäume am Generals' Highway → S. 70

★ Yosemite National Park
Wandern in einem der schönsten Nationalparks, berühmt für Wasserfälle und Steilwände → S. 71

TOFANELLI'S
Zum Frühstück gibt es 100 verschiedene Omeletts, zum Lunch gute Salate und Sandwiches, abends prima Steaks. *302 W Main Street | Grass Valley | Tel. 1530 2 72 14 68 | €–€€*

ÜBERNACHTEN

1859 HISTORIC NATIONAL HOTEL
Gemütliches, renoviertes Hotel aus der Goldgräberzeit. Mit Saloon und Restaurant. *9 Zi. | 18183 Main Street | Jamestown | Tel. 1209 9 84 34 46 | www.national-hotel.com | €€*

LOW BUDG€T

Markenhemden, Shorts, Jacken, Röcke – die günstigste Ladenkette in Kalifornien ist *Ross – Dress for Less*. Meist liegen die schmucklosen Läden der Kette in Shoppingmalls an den Stadträndern *(z. B. in Pismo Beach: 829 Oak Park Blvd.)*. Man muss etwas suchen, aber es lohnt sich.

Jeder bessere Supermarkt hat eine eigene *deli section* mit Wurst, frischen Sandwiches, Sushi, Salaten und oft auch günstigen heißen Gerichten wie Hühnchen oder *spareribs*. Einkaufen, und dann ab zu einem Picknickplatz mit herrlichem Bergblick.

Günstig für den Roadtrip sind Discount-Motels (50–80 $/Nacht). Solide und weit verbreitet: *America's Best Value Inn (www.americasbestvalueinn.com)* und die modernen *Motel 6*-Häuser z. B. in Sacramento: *Motel 6 (Tel. 1415 30th Street | 1916 4 57 07 77 | www.motel6.com)*.

HOLBROOKE HOTEL
Einst Saloon und Bordell, heute traditionsreichste Herberge am Ort. Gutes Restaurant. *28 Zi. | 212 Main Street | Grass Valley | Tel. 1530 2 73 13 53 | www.holbrooke.com | €–€€*

HIGHWAY 1/ BIG SUR

(138 A–B 3–4) *(🕮 B–C 8–9)* **Auf 150 km Länge schlängelt sich die Küstenstraße von Monterey bis San Simeon die Steilklippen entlang. Dies ist der schönste Abschnitt des ★ ● Highway 1, der legendären Traumstraße am Pazifik.**

In den 1920er-Jahren wurde die Straße von Strafgefangenen gebaut. Bis heute klammert sie sich prekär und nur zweispurig an die Klippen – und muss nach Felsrutschen manchmal für Monate gesperrt werden. Oft hängt Nebel unmittelbar vor oder über der Küste, der den Eindruck von wilder Romantik noch verstärkt. Viele berühmte Aussteiger haben die Abgeschiedenheit dieser Küste gesucht. Zugang zum Strand haben Sie nur an wenigen Stellen zwischen den steilen Felsen. Die schönsten Strände sind: INSIDER TIPP *Pfeiffer Beach (im Pfeiffer Big Sur State Park | Anfahrt schlecht für große Wohnmobile), Julia Pfeiffer Burns State Park* und *Jade Cove*.

SEHENSWERTES

BIG SUR (138 A3) *(🕮 B9)*
Für viele ist dieser spektakuläre Küstenabschnitt das Herzstück des Highway 1. Hier entstanden vor 50 Jahren heute legendäre Hippiekolonien, hier fotografierte einst Ansel Adams, hier lebte und liebte Henry Miller. Ein mächtiges Felskap mit Leuchtturm markiert von Norden

Aussichtsreicher Sandwichstopp am Highway 1: Terrassenlokal Nepenthe

kommend den Anfang. Nach weiten Küstenpanoramen folgen kleine Redwoodwälder entlang des Big Sur River, dann bei *Nepenthe,* dem einstigen Sommerhaus von Orson Welles und Rita Hayworth, öffnen sich gewaltige Blicke über die Steilküste. Tipp: Nur etwa 400 m südlich des Lokals erinnert linker Hand hinter Bäumen versteckt die INSIDER TIPP *Henry Miller Library (Mi–Mo 11–18 Uhr | Eintritt frei, Spende erbeten)* an den berühmten Schriftsteller. Der frühere Privatsekretär Millers, der Österreicher Emil White, richtete die Gedenkstätte ein, in der heute auch Kunstausstellungen, Filmvorführungen und Lesungen stattfinden.

ESSEN & TRINKEN

NEPENTHE

Hier genießen Sie Burger und Sandwiches auf einem 250-m-Kliff mit Blick auf den Ozean. *48510 Hwy. 1 | 5 km südlich von Big Sur | Tel. 1831 6 67 23 45 | €–€€*

ROCKY POINT RESTAURANT

Weite Ausblicke und eine schöne Terrasse am Wasser rund 15 km südlich von Carmel. Im Winter gut zum Lunch mit Walbeobachtung. *36700 Hwy. 1 | Tel. 1831 6 24 29 33 | €€–€€€*

ÜBERNACHTEN

INSIDER TIPP GLEN OAKS BIG SUR

Stilvolles Motel, in vielen Aspekten ökologisch renoviert, im Tal des Big Sur River. Sehr gemütlich. *17 Zi. | Hwy. 1 | Big Sur | Tel. 1831 6 67 21 05 | www.glenoaksbigsur.com | €€–€€€*

NEW CAMALDOLI HERMITAGE

Meditation hoch über der Steilküste? Die Mönche dieses Klosters südlich von Big Sur bieten schlichte Einzelzimmer mit grandiosem Ausblick. *17 Zi. | 62485 Hwy. 1 | Big Sur | Tel. 1831 6 67 24 56 | www.contemplation.com | €–€€ (inkl. Mahlzeiten)*

MONTEREY PENINSULA

(138 A3) (🕮 B8) **Am Südende der mit Zypressen bestandenen Halbinsel liegt der Landstrich, den Robert Louis Stevenson als „das schönste Aufeinandertreffen von Land und See auf dieser Erde" bezeichnet hat: Point Lobos State Reserve.** Der Pazifik bietet an diesem Abschnitt eine Unterwasserfauna, die zu den vielfältigsten der Welt gehört – ein Paradies für Wanderer und Taucher. Während Point Lobos auch an Land noch recht unberührt ist, präsentiert sich die Monterey-Halbinsel selbst mit schönen Golfplätzen, Panoramastraßen und gepflegten Wohnsiedlungen – fast wie eine kalifornische Côte d'Azur.

Wale in freier Wildbahn zu erleben ist für viele ein Lebenstraum – die Touren starten in Monterey

SEHENSWERTES

17-MILE-DRIVE

Wer sehen will, wie die High Society in Kalifornien lebt, ist auf dieser Mautstraße *(10 $ pro Fahrzeug)* richtig: Von Monterey bis Carmel schlängelt sich die Panoramastraße durch Villenviertel und berühmte Golfplätze wie *Pebble Beach*.

CARMEL ★

Das 4000-Seelen-Städtchen, einst als Künstlerkolonie gegründet, hat sich mit seiner herrlichen, sanft geschwungenen Strandbucht, mit vielen witzigen Boutiquen und guten Restaurants heute zum Touristenmagnet gemausert.

MONTEREY

Eine der frühesten Siedlungen der Spanier, die hier schon 1602 ankerten und Monterey (30 000 Ew.) später zur Hauptstadt ihrer Kolonie *Alta California* machten. Der in den Gehwegen markierte *Path of History* führt zu den Adobe-Bauten der Altstadt aus spanischer Zeit. An *Fisherman's Wharf*, einst Anlaufpunkt von Schonern, die um Kap Hoorn segelten, haben sich viele Restaurants angesiedelt – sowie das INSIDER TIPP *Dalí17 Museum (tgl. 10–17 Uhr | Eintritt 20 $ | 5 Cus-*

tom House Plaza), das dem Surrealisten gewidmet ist, der hier über Jahre lebte. Die *Cannery Row*, an der früher die größte Sardinenkonservenfabrik der Welt lag, kam im gleichnamigen Roman des Nobelpreisträgers John Steinbeck zu Ehren. Hier befindet sich auch das ★ ● *Monterey Bay Aquarium (tgl. 10–17, im Sommer 9.30–18 Uhr | Eintritt 50 $ | 886 Cannery Row | www.montereybayaquarium.org)*, ein Aquarium der Extraklasse: Pinguine und Albatrosse, Thunfische, Haie und 700 weitere Fischarten sind zu sehen. Spektakulär: der Wald aus Seetang auf drei Stockwerken, die Seeottern und die Quallen.

POINT LOBOS STATE RESERVE

Das Schutzgebiet am Südende der Monterey-Halbinsel ist mit seinen umtosten Klippen, blauen Buchten, in denen Seeotter spielen, und traumhaften Wanderwegen ein echtes Juwel der kalifornischen Küste. Am schönsten frühmorgens oder zum *sun down*. *Highway 1*

SALINAS

Hier wurde John Steinbeck, der Chronist der Weltwirtschaftskrise („Fruchte des Zorns", „Jenseits von Eden"), geboren. Sein Leben und seine Zeit werden im INSIDER TIPP *National Steinbeck Center (tgl. 10–17 Uhr | Eintritt 13 $ | 1 Main Street)* eindrucksvoll dokumentiert.

ESSEN & TRINKEN

KATY'S PLACE

Das netteste Frühstückslokal weit und breit. *Mission Street/6th Street | Carmel | Tel. 1831 6 24 01 99 | €*

MONTRIO

Frische, lokale Zutaten, tolle Kreationen und gute Weinkarte. *414 Calle Principal | Monterey | Tel. 1831 6 48 88 80 | €€€*

FREIZEIT & SPORT

KAJAK

Ein idealer Weg, um Ottern, Seelöwen und Delphinen näherzukommen, z. B. mit *Monterey Bay Kayaks (693 Del Monte Av. | Monterey | Tel. 1831 3 73 53 57)*.

LAGUNA SECA RANCH GOLF CLUB

Über ein Dutzend Golfplätze liegen um Monterey – die meisten in Privatbesitz. Dies ist einer der wenigen öffentlichen Plätze. Wegen der hohen Nachfrage liegen *green fees* vielerorts über 150 $ (über das Hotel Abschlagzeiten reservieren). *Ab 40 $ | Monterey | Tel. 1831 3 73 37 01*.

MONTEREY BAY WHALE WATCH

Grauwale können Sie von Dezember bis März beobachten, Blau- und Buckelwale lassen sich im Sommer sehen (weitere Veranstalter an Fisherman's Wharf). *84 Fisherman's Wharf | Tel. 1831 3 75 46 58 | www.montereybaywhalewatch.com*

ÜBERNACHTEN

GREEN LANTERN INN

Historische Pension mit hübsch umgrünten Hütten nicht weit vom Strand. *17 Zi. | Casanova Street | Carmel | Tel. 1831 6 24 43 92 | €€–€€€*

AUSKUNFT

MONTEREY PENINSULA VISITOR AND CONVENTION BUREAU

401 Camino El Estero | Monterey | Tel. 1888 2 21 10 10 | www.seemonterey.com

LAKE TAHOE

(137 E4–5) (*D6*) **Das superklare Wasser des ★ Lake Tahoe ist auch im Hoch-**

sommer erfrischend kühl: kein Wunder, denn der größte Bergsee in Nordamerika (35 km lang, 19 km breit) liegt 2000 m hoch in der Sierra Nevada.
Die ihn umgebenden *national forests* und Bergspitzen wie *Eldorado, Tahoe* und *Toiyabe* überragen den Wasserspiegel noch um 1200 m. 274 Sonnentage im Jahr und zuverlässige Schneeverhältnisse machen die Region zu einem Paradies für Wassersportler und Skifahrer. Der berühmteste Wintersportort ist *Squaw Valley*, Schauplatz der Olympischen Winterspiele 1960. Die Tradition des Gebiets als Sommerfrische pflegten bereits die Washoe-Indianer. Das *Gatekeeper's Log Cabin Museum (im Sommer Di–So 10–16 Uhr | Eintritt 3 $ | 130 W Lake Blvd. | Tahoe City)* informiert über diesen Aspekt der Landesgeschichte. Im *Emerald Bay State Park* können Sie die Schönheit der Landschaft in Ruhe bewundern.

ESSEN & TRINKEN

Dinner in Nevada: Es kann sich lohnen, auf die andere Seite der Grenze zu wechseln: Die Kasinos von *Stateline* auf der Nevada-Seite des Lake Tahoe bieten sehr preiswerte Buffets an – oft nur 25–35 $ zum Sattessen! So etwa das *Forest Buffet* mit herrlichem Blick aus dem 18. Stockwerk des *Harrah's*.

INSIDER TIPP ERNIE'S COFFEE SHOP
Ein bei den Einheimischen sehr beliebtes Diner. Hier erhalten Sie ein riesiges Frühstück morgens schon ab 6 Uhr und Lunch bis 14 Uhr. *1207 Hwy. 50 | Tel. 1530 5 41 21 61 |* €

WOLFDALE'S
Kalifornisch-japanische Küche mit Terrasse und Blick auf den See. *640 N Lake Blvd. | Tahoe City | Tel. 1530 5 83 57 00 |* €€–€€€

FREIZEIT & SPORT

Ganz entspannt können Sie Ausfahrten auf den See an Bord des Raddampfers *Tahoe Queen (ab 49 $ | Ski Run Marina | South Lake Tahoe | Tel. 1800 2 38 24 63)* genießen. Sportlicher sind Sie allerdings mit einem gemieteten Kanu, Kajak oder Jetski: *Tahoe City Marina (700 N Lake Blvd. | Tahoe City | Tel. 1530 5 83 10 39)*.

ÜBERNACHTEN

LAKE TAHOE BASECAMP
Stylishes und ökologisch bewusst renoviertes Motel nur einige Schritte vom See und zum Lift. *74 Zi. | 4143 Cedar Av. | South Lake Tahoe | Tel. 1530 2 08 01 80 | www.basecamphotels.com |* €–€€

AUSKUNFT

LAKE TAHOE VISITORS AUTHORITY
Unterkünfte, Aktivitäten, gute Infos auch für Skiurlauber. *169 Hwy. 50 | Stateline | Tel. 1775 5 88 59 00 | www.visitinglaketahoe.com*

SACRAMENTO

(137 D5) *(C6–7)* **Zu Pionierzeiten war die Ranchsiedlung im Herzen des Central Valley das Sprungbrett in die Goldfelder. Sacramento wurde deshalb 1854 zur Hauptstadt Kaliforniens erklärt.**
Heute ist die moderne Großstadt, die im Großraum 2,3 Mio. Einwohner zählt, mit ihrem historischen Kern das wirtschaftliche Zentrum eines riesigen Agrarbezirks. Bekannt wurde Sacramento in jüngster Zeit als Wohnsitz von Filmstar und Ex-Bodybuilder Arnold Schwarzenegger, der 2003–10 Gouverneur Kaliforniens war. Sein damaliger Amtssitz, das bereits 1860 begonnene *State Capitol* in

einer Parkanlage im Stadtzentrum, ist mit seinen historischen Ausstellungen zur Besichtigung geöffnet. Werfen Sie einen Blick nach oben: Die Spitze der Kuppel wurde mit echtem Gold verschönert – damals hatte das heute so chronisch verschuldete Kalifornien noch reichlich Geld.

CROCKER ART MUSEUM

Der Besuch des ältesten Museums des Westens lohnt sich allein schon wegen seiner schönen alten Hallen. Neben europäischer, asiatischer und kalifornischer Kunst finden Sie hier auch Sehenswertes zum Thema Goldrausch. *Di–So 10–17, Do bis 21 Uhr | Eintritt 10 $ | 216 O Street*

Sacramentos Kapitol glänzt dank Blattgold, Marmor und historisierender Architektur

SEHENSWERTES

CALIFORNIA STATE RAILROAD MUSEUM

Eines der größten Eisenbahnmuseen Amerikas: mehr als 20 restaurierte Lokomotiven, dazu komplett eingerichtete Waggons samt Railway Post Office und Ausstellungen über die Erschließung des Westens. Im Sommer werden am Wochenende auch nostalgische Dampflokfahrten angeboten. *Tgl. 10–17 Uhr | Eintritt 12 $ | 2nd Street/I Street | www.csrmf.org*

OLD SACRAMENTO

Die kleine Altstadt am Ostufer des Sacramento River verströmt noch etwas vom Flair der Goldrauschtage. Nostalgische Läden, Museen, historische Lokale, das 1849 gegründete *Old Eagle Theater* und mehr als 100 restaurierte Bauten. *Zwischen Front und 2nd Street.*

SUTTER'S FORT STATE HISTORIC PARK

Rekonstruiertes Fort mit faszinierender Geschichte: Der Schweizer Johann Sutter baute sich um 1840 die Siedlung „Neu Helvetia" auf. Sein Vorarbeiter Marshall entdeckte das erste Gold – und Sutter ging leer aus. Häufig finden historische Vorführungen statt. *Tgl. 10–17 Uhr | Eintritt 5 $ | 2701 L Street*

ESSEN & TRINKEN

33RD STREET BISTRO

Weltoffene Atmosphäre, hübsche Straßenterrasse, immer voll. Leichte Fusion Cuisine. *3301 Folsom Blvd. | Tel. 1916 4 55 22 33 | €–€€*

THE FIREHOUSE

Schönes Bistro in ehemaliger Feuerwache von 1853. Beliebt für Hochzeiten. *1112 2nd Street | Tel. 1916 4 42 47 72 | €€€*

ÜBERNACHTEN

THE CITIZEN HOTEL

Retrolook der *Golden Twenties* in schickem, frisch renoviertem Cityhotel nahe dem Capitol. Gutes Restaurant. *198 Zi. | 926 J Street | Tel. 1916 4 47 27 00 | www.thecitizenhotel.com | €€*

DELTA KING RIVERBOAT

Stilvoll schlafen auf einem restaurierten alten Raddampfer aus den 1920er-Jahren in Old Sacramento. Mit Lounge und Restaurant. *44 Zi. | 1000 Front Street | Tel. 1916 4 44 54 64 | www.deltaking.com | €€€*

AUSKUNFT

SACRAMENTO VISITORS BUREAU

1002 2nd Street | Tel. 1800 2 92 23 34 | www.visitsacramento.com

SAN LUIS OBISPO

(138 C4) (*🗺 C10*) **Auf halbem Weg zwischen San Francisco und L. A. gelegen bietet sich San Luis Obispo (44 000 Ew.)**

San Luis Obispo: Im Hotel Madonna Inn gleicht kein Zimmer dem anderen

vor allem aufgrund der Attraktionen der Umgebung – die Küste mit dem Morro Rock, die Weinregion des Edna Valley und das prunkvolle Hearst Castle – für einen Zwischenstopp an.
Im Herzen der Küstenstadt befindet sich die spanische *Mission San Luis Obispo de Tolosa,* die Gründung eines spanischen Padre der Franziskaner aus dem Jahr 1772.

ESSEN & TRINKEN

OLD SAN LUIS BBQ

Klassisches BBQ nach Art der Südstaaten – also stundenlang im Räucherofen gegrillt. Viel Rauchwürze, aber alles mit Biozutaten. *670 Higuera Street | Tel. 1805 2852473 | €*

ÜBERNACHTEN

INSIDER TIPP MADONNA INN

Der Inbegriff des schrillen Kaliforniens: Jedes der 110 Zimmer ist anders gestaltet, eines z. B. ganz aus Stein, mit einem Wasserfall als Dusche und eines für *honeymooners.* Ein Blick lohnt sich immer, auch ins Restaurant. *100 Madonna Road | Tel. 1805 5433000 | www.madonnainn.com | €€–€€€*

AUSKUNFT

SAN LUIS OBISPO VISITOR CENTERS

895 Monterey Street | Suite 200 | Tel. 1805 7812 77 | www.visitslo.com

ZIELE IN DER UMGEBUNG

INSIDER TIPP EDNA VALLEY

(138 C4–5) (C10)

Das Tal unmittelbar südlich von San Luis Obispo wurde in den letzten Jahren zum Geheimtipp für Weinliebhaber. Über den Highway 227 erreichen Sie anspruchsvolle Güter wie die topmoderne *Tolosa Winery (4910 Edna Road | Tel. 1805 7820500 | www.tolosawinery.com),* wo Sie vom *tasting room* aus bei der Verarbeitung zusehen können. Weitere gute Kellereien sind *Edna Valley Vinyard (2585 Biddle Ranch Road | Tel. 1805 5445855)* oder *Baileyana Winery (5828 Orcutt Road | Tel. 1805 2698200),* die in einem alten Schulhaus mit Blick übers Tal und schönem Picknickplatz residiert.

HEARST CASTLE (138 B4) (C9)

Bei San Simeon, etwa 70 km nördlich von San Luis Obispo, sind schon von Weitem die vergoldeten Türmchen und roten Ziegeldächer des Hearst Castle zu sehen. 1 Mio. Besucher jährlich verzeichnet dieses Schloss, das sich der Zeitungsbaron William Randolph Hearst mit vielen Anleihen bei europäischen Stilrichtungen bauen ließ. 3 Mio. Dollar und 30 Jahre Bauzeit (1917–47) kostete die Phantasiewelt den Verleger, dessen Leben Orson Welles zu dem Filmklassiker „Citizen Kane" inspirierte. Die 100 Räume im *Casa Grande*, die Pools und die vielen Gästehäuser, in die Hearst „ganz Hollywood" und berühmte Politiker einlud, geben einen Eindruck vom damaligen Luxusleben. *Führungen 25–36 $ (Reservierung im Sommer empfehlenswert) | Tel. 1800 4444445 | www.hearstcastle.org*

MONTANA DE ORO STATE PARK & MORRO ROCK (138 B4) (C10)

Rund 20 km nördlich von San Luis Obispo gelangen Sie von *La Canada de Los Osos* aus nach *Montana de Oro,* einem der schönsten State Parks von Kalifornien mit einsamen Sandstränden, zerklüfteten Klippen, Eukalyptuswäldern und Wildblumenfeldern – ein Paradies für Wanderer, Schwimmer und Camper.

Nördlich von Los Osos liegt *Moro Rock,* ein gigantischer Vulkanfelsen, der den spanischen Entdeckern als Orientierung diente und heute ein Schutzgebiet für Falken ist. Auf der gegenüberliegenden Seite der Bucht, inmitten weißer Sanddünen, beschreibt der *Morro Bay State Park* mit dem *Museum of Natural History* die Geschichte dieser Landschaft.

SANTA BARBARA

(139 D6) (*D11*) **In ★ Santa Barbara schlägt das Herz der kalifornischen Riviera: Yachthäfen, Palmenalleen, blühende Gärten und eine junge Szene dank der Universität am Nordrand der Stadt.** Santa Barbara (92 000 Ew.) wurde 1786 von Spaniern gegründet. Deren Einfluss auf Baustil und Flair zeigt sich bis heute. Die mit roten Gehwegsteinen markierte *Red Tile Tour* führt zu den Gebäuden aus der spanischen Epoche *(Start am County Courthouse, Anacapa Street).*

SEHENSWERTES

MISSION SANTA BARBARA

Franziskanerpadres errichteten 1820 die wohl schönste Mission Kaliforniens mit einer von römischen Tempeln inspirierten Fassade. Vom Erdbeben 1925 verwüstet, wurde ihr Originalzustand wiederhergestellt. *Tgl. 9–16.15 Uhr | Eintritt 9 $ | Upper Laguna Street*

ESSEN & TRINKEN

CRUSHCAKES & CAFE

Der absolute Renner: *cupcakes* – süße Retro-Törtchen. Dazu im Café gutes Frühstück und Lunch. *1315 Anacapa Street | Tel. 1805 9 63 37 52 |* €

ENDLESS SUMMER

Gute Drinks zu frischem Fisch und Steaks vom Grill. Gratis dazu gibt's einen schönen Blick über den Yachthafen. *113 Harbor Way | Tel. 1805 5 64 12 00 |* €–€€

THE LARK

Rustikal gestylter Speisesaal mit dem Feeling einer Gartenlaube. Gekocht wird modern-kalifornisch, ökobewusst und möglichst mit regionalen Zutaten. *131 Anacapa Street | Tel. 1805 2 84 03 70 |* €€€

EINKAUFEN

Am Ende der State Street liegt direkt am Meer *Stearns Wharf* mit Shops und Restaurants. Jeden Sonntag findet im *Palm Park* die INSIDER TIPP *Santa Barbara Arts and Crafts Show* statt, bei der Künstler aus der Umgebung ihre Werke verkaufen. Zum großen Shoppen lädt auch das *El Paseo (Canyon Perdido Street | zwischen State und Anacapa Street)* ein, in dem schon die spanischen Besatzer Handel trieben.

STRÄNDE

Westlich und östlich der Stadt erstrecken sich rund 50 km schönster Sandstrand, beliebt zum Surfen, Schwimmen, Tauchen und Segeln.

ÜBERNACHTEN

BRISAS DEL MAR

Altspanischer Stil, aber modern renoviert und relativ strandnah. *31 Zi. | 223 Castillo Street | Tel. 1805 9 66 22 19 |* €€

FOUR SEASONS BILTMORE

Ein altes Grandhotel, gut renoviert. Mit tropischem Garten, Tennisplätzen, Pools, Putting-Green. *207 Zi. | 1260 Chan-*

nel Drive | Tel. 1805 9692261 | www.fourseasons.com/santabarbara | €€€

AUSKUNFT

SANTA BARBARA VISITORS CENTER
1 Garden Street | Tel. 1805 9653021 | www.santabarbaraca.com

Shops in spanischem Kolonialstil: der Paseo Nuevo in Santa Barbara

ZIELE IN DER UMGEBUNG

CHANNEL ISLANDS NATIONAL PARK
(138–139 C–D6) *(🕮 C–D11)*

Fünf der unbesiedelten Inseln vor der Küste zwischen Santa Barbara und Ventura schützen Seelöwenkolonien, seltene Braunpelikane und viele andere einheimische Arten. Auch die Gewässer um die Inseln gehören zum Park und bewahren einzigartige unterseeische Kelpwälder aus Riesentang.

Bootstouren von Santa Barbara aus sowie spektakuläre Tauchtouren organisiert *Truth Aquatics (301 W Cabrillo Blvd. | Tel. 1805 9621127 | www.truthaquatics.com)*; Bootstouren zum Wal- und Delfinbeobachten bietet *Condor Express (301 W Cabrillo Blvd. | Tel. 1805 8820088 | condorexpress.com)*.

SANTA YNEZ VALLEY (138 C5) *(🕮 D11)*

Eine halbe Stunde Fahrt landeinwärts liegt am Highway 154 die Landschaft, die durch den Film „Sideways" bekannt wurde: idyllische Weingärten, saftige Weiden und Pferdegestüte. Witzig ist am Nordende des Tals *Solvang*, eine dänische Folkloresiedlung mit Fachwerkhäusern. Gut zur Weinverkostung. *Firestone Vineyard (5017 Zaca Station Road)* oder die rein ökologisch produzierende *Sunstone Winery (125 N Refugio Road | Santa Ynez)*. Super-Steaks serviert in Buellton das INSIDER TIPP *AJ Spurs (350 E Hwy. 246 | Tel. 1805 6861655 | €€)*.

Übernachtungstipp: die *Solvang Gardens Lodge (24 Zi. | 293 Alisal Road | Solvang | Tel. 1805 6884404 | www.solvanggardens.com | €€)*.

Die legendären Mammutbäume gaben dem nicht so überlaufenen Nationalpark seinen Namen

SEQUOIA/ KINGS CANYON

(139 D–E 2–3) (*E8–9*) ★ **Die beiden zusammenhängenden Nationalparks Sequoia und Kings Canyon sind weniger touristisch als der Yosemite National Park, bestechen aber durch den Mount Whitney, mit 4418 m höchster Berg der Lower 48, sowie den größten Bäumen der Welt, den turmhohen *sequoias*.**

SEHENSWERTES

MAMMUTBÄUME

Der größte, der *General Sherman Tree* im *Giant Forest,* ist 2500 Jahre alt, besitzt einen Umfang von 34 m und erreicht 90 m Höhe, die Höhe eines 27-stöckigen Gebäudes. Der *General Grant Tree* im *Grant Grove* ist 88 m hoch und hat einen Umfang von 35 m. Eindrucksvoller als jeder einzelne Baum sind die vielen weiteren Mammutbäume, die zu beiden Seiten des *Generals' Highway* und der von hier ausgehenden Wandertrails stehen. Wer keine Trails laufen möchte, kann den Hain der *Grant Grove* wie einst die ersten Pioniere zu Pferd erkunden – eine besonders eindrucksvolle Art, die mächtigen Bäume zu erleben. Buchung bei *Grant Grove Stables (Tel. 1559 3 35 92 92)*.

ÜBERNACHTEN

WUKSACHI LODGE

Das neueste, für seine ökologische Bauweise preisgekrönte Hotel im Park. Dazu drei weitere Lodges und ein komfortables Zeltlager, *Bearpaw Camp,* für Wanderer rund 15 km im Hinterland der Berge. *102 Zi. | 64740 Wuksachi Way | Tel. 1866 8 07 35 98 | www.visitsequoia.com |* €€

AUSKUNFT

KINGS CANYON VISITOR CENTER

Startpunkt für Wanderungen, z. B. 3 km entlang dem *Big Stump Trail,* der die frühere Abholzung der Mammutbäume dokumentiert. *Grant Grove | Tel. 1559 5 65 33 41 | www.nps.gov/seki*

YOSEMITE NATIONAL PARK

(138–139 C–D1) (*D7–8*) **Mit fast 4 Mio. Besuchern pro Jahr gehört der ★ Yosemite National Park zu den beliebtesten Attraktionen von Amerika.**
Der Park liegt im hochalpinen Herzen der Sierra Nevada und schützt auf 3000 km² Fläche mehrere Ökozonen, die von den waldreichen Ausläufern der Sierra bis zu schneebedeckten Gipfeln reichen. 80 Säugetierarten, darunter Schwarzbär und Berglöwe, sowie über 250 verschiedene Vogelarten leben hier.
1890 auf Betreiben des legendären Naturschützers John Muir (1838–1914) vom Kongress eingerichtet, um die in diesem Abschnitt einzigartige Bergwelt vor der Abholzung zu bewahren, durchziehen den Park heute über 420 km Straßen und ein dreimal so langes Wanderwegenetz. Wie so mancher berühmte Park schwebt auch der Yosemite National Park in Gefahr, durch seine Besucherströme zerstört zu werden. Noch vor einigen Jahrzehnten gehörten Verkehrsstaus und zertrampelte Wiesen zum Alltag im Park. Seither steuern die Ranger gegen: Touristen werden jetzt angehalten, ihren Wagen stehen zu lassen und auf die bereitgestellten Shuttlebusse umzusteigen. Zudem ist eine große Anzahl der empfindlichen Hochwiesen bis auf Weiteres für Besucher gesperrt.

SEHENSWERTES

INSIDER TIPP GLACIER POINT

Von der fast 1000 m über der Talsohle liegenden Felskuppe gleitet der Blick über Bergkuppen, Wasserfälle und das menschenleere Backcountry der High Sierra. Später rücken die Sternegucker an: Der Nachthimmel über dem Glacier Point ist ein Fest für die Augen! *Nur Juni–Okt. | Stichstraße vom Hwy. 41 aus*

MARIPOSA GROVE

Im Südzipfel des Parks entgingen rund 500 Sequoias den Sägen der Holzfäller. 80 m hoch und bis zu 3000 Jahre alt, verwandeln sie den Hain in eine halbdunkle Kathedrale. Für aufwendige Renaturierungsarbeiten ist der Hain bis Winter 2017 gesperrt. Danach gibt es einen Shuttledienst vom Südeingang des Parks zu Wanderwegen, die zum *Grizzly Giant* und der *Upper Grove* führen.

TIOGA PASS

Nördlich des Yosemite Valley windet sich der Highway 120 hinauf in die *High Sierra* – das Land der smaragdgrünen Seen, Felsendome und Hochwiesen. Die schönste, *Tuolumne Meadows,* ist Ausgangspunkt herrlicher *hikes* ins Backcountry. Die Trails nördlich des Highway 120 führen teils durch die von den Waldbränden erfassten Gebiete, die nun wieder von der Vegetation zurückerobert werden. Auf dem 3031 m hohen *Tioga Pass* verlässt man den Park durch seinen Osteingang. *Nur Mitte Mai–Okt. geöffnet*

YOSEMITE VALLEY

Das 11 km lange Tal am Merced River ist das Herz des Parks. Es lockt 95 Prozent der Besucher an und ist – auch dank Hotels, Restaurants und Campingplätzen – im Sommer chronisch überfüllt. Der Highway 140 führt durch die *Arch Rock Entrance Station* ins 20 Minuten entfernte Tal. Dort öffnet sich ein unvergessliches Panorama: Von Gletschern zu einem gewaltigen U ausgehöhlt, ragen glatte Granitwände bis zu 1000 m empor. Ringsum Wasserfälle, Wildblumen-

Yosemite National Park: spektakuläre Natur inklusive tosendem Wasserfall

wiesen und Kiefernwälder. Kurze Trails führen zu den Attraktionen.

Die 190 m hohen *Bridal Veil Falls* und die 739 m hohen *Yosemite Falls* sind beliebte Fotomotive. Unübersehbar und ein Mekka für *climber: El Capitán,* ein monumentaler, 1077 m hoher Block aus Granit. Das Ostende des Tals markiert der *Half Dome*. Der bis zu 3000 m hohe, nackte Monolith ist das Symbol des Parks und auf dem *John Muir Trail* (27 km) auf einer anstrengenden Tageswanderung zu besteigen. Alle Attraktionen auf einen Blick genießen Sie vom *Wawona Tunnel View Point* aus am Highway 41.

ESSEN & TRINKEN

THE MAJESTIC YOSEMITE HOTEL

Wie ein Kastell steht das aus Granit und Pinienstämmen erbaute Blockhaus eines Silberminenkönigs in der spektakulären Landschaft. Besonders zu empfehlen: Steak, Lamm und Forellen. *Yosemite Village | Tel. 1209 3 72 14 89 |* €€

IRON DOOR SALOON

Der älteste Saloon Kaliforniens. Jedes Wochenende können Sie hier Livemusik hören. *18761 Main Street | Groveland | Tel. 1209 9 62 89 04 |* €

INSIDER TIPP YOSEMITE BUG CAFÉ

Gemütliches Bistro mit Ökoanspruch am Westeingang des Parks. Beliebt bei Hikern und Kletterern für ein leckeres Frühstück vor oder ein herzhaftes Steakdinner nach dem Parkbesuch. Dazu gehört ein gutes Hostel, das auch Doppelzimmer und rustikale Zelte bietet. *6979 Hwy. 140 | Midpines | Tel. 1209 9 66 66 66 | www.yosemitebug.com |* €–€€

ÜBERNACHTEN

Im Park liegen neben dem historischen *Majestic Yosemite Hotel* die einfachere *Yosemite Lodge*. Lange vorab reservieren! Zentrale Buchung: *Aramark (Tel. 1602 2 78 88 88 | www.travelyosemite.com)*.

HOTEL CHARLOTTE

Gepflegte Zimmer in einer rustikalen alten Goldgräberherberge. Auch Ferienapartments. *13 Zi. | 18736 Main Street | Groveland | Tel. 1209 9 62 64 55 | www.hotelcharlotte.com |* €€

AUSKUNFT

Visitor Centers im *Yosemite Valley* und bei den *Tuolumne Meadows* nahe dem Osteingang. *Tel. 1209 3 72 02 00 | www.nps.gov/yose, www.yosemite.com*

ZIELE IN DER UMGEBUNG

BODIE ● (137 F6) (*🕮 E7*)

Dank der abgeschiedenen Lage am Osthang der Sierra Nevada, zwei Stunden Fahrt vom Tioga Pass im Yosemite, verkörpert Bodie das Idealbild einer Geisterstadt. 150 Häuser blieben in mehr oder weniger gutem Zustand so, wie sie verlassen wurden; sogar das schmutzige Geschirr steht noch auf dem Tisch. 1859 stieß William Bodey hier auf Silber. Die Glücksritter folgten, und 20 Jahre später lebten hier 10 000 Menschen, die in 30 Minen schufteten. Niemand lebt mehr hier, und seit 50 Jahren darf in dem jetzt als *Bodie State Historic Park (Anfahrt über US 395 und SR 270)* geschützten Städtchen nichts mehr verändert werden – ein Traum für Hobbyfotografen. Im Park gibt es keinerlei Unterkünfte, doch wenn Sie nach dem Besuch stilvoll in Goldgräberambiente nächtigen wollen, empfiehlt sich der *Bridgeport Inn (21 Zi. | Main Street | Bridgeport | Tel. 1760 9 32 73 80 | www.thebridgeportinn.com | €)*, in dem einst schon Mark Twain schlief, mit Restaurant, Pub und einer großen Portion Pioniernostalgie.

MAMMOTH (139 D1) (*🕮 E7*)

Der moderne Urlaubsort (7000 Ew.) rund eine Fahrstunde östlich des Parks ist vor allem für seine perfekten Skipisten am *Mammoth Mountain* bekannt. Im Sommer sind hier am trockenen, sonnigen Osthang der Sierra Nevada Wandern und Mountainbiking beliebt. Sehenswert: die massigen Basaltsäulen des *Devils Postpile National Monument* am Ortsrand.

MONO LAKE (137 F6) (*🕮 E7*)

Mit gut 20 km Durchmesser ist der mindestens 760 000 Jahre alte See unmittelbar östlich des Yosemite Kaliforniens größter Salzsee. Sein Ökosystem ernährt Millionen Zugvögel, doch durch Wasserableitung für das ferne Los Angeles ist der See seit Jahrzehnten bedroht. Der Kampf der Naturschützer hiergegen und die bizarren Tuffsteinsäulen (am besten am Südufer zu sehen) haben den See zu einer Ikone des Umweltschutzes gemacht. Derzeit steigt der Wasserspiegel wieder an. Das Infozentrum des *Mono Lake Committee (www.monolake.org)* an der Hauptstraße in *Lee Vining* dokumentiert den Kampf um den Erhalt des Sees.

HÖLZERNE REKORDE

Mit den Mammutbäumen hat Kalifornien die dicksten Bäume der Welt und mit den Redwoods auch die höchsten. Wer aber glaubt, dass das schon alles ist mit den Baumrekorden, der ist auf dem Holzweg. In Kalifornien wachsen nämlich auch die ältesten Bäume der Welt: Bristlecone Pines heißen sie, Grannenzapfenkiefern. Und sie werden unwahrscheinliche 5000 Jahre alt - wirklich! Das Altersheim dieser Baumsenioren ist jenseits des Yosemite-Parks bei Bishop. Dort wachsen die Uralt-Kiefern hoch oben in den White Mountains auf über 3000 m. Höhenluft tut gut.

LOS ANGELES

KARTE AUF SEITE 142/143

Wer zum ersten Mal nach Los Angeles (140 B4–5) (E11) kommt, ist verwirrt. L. A. ist keine Metropole im herkömmlichen Sinn, sondern eine Mega-City (13,3 Mio. Ew.), ein bunter Flickenteppich aus Bezirken und Einzelstädten auf rund 12 000 km² Fläche.

Jedoch verfügt dieser vitale Gegenpol zu New York, mittlerweile auch dank fabelhafter Museen das Kulturzentrum der Westküste, durchaus über Kristallisationspunkte. Die wohlhabenden Orte entlang der 65 km langen Küste wie *Malibu*, *Pacific Palisades*, *Santa Monica*, *Venice Beach* und *Marina del Rey* z. B. gehören dazu. Aber auch die aus Angst vor Erdbeben erst sehr spät mit Wolkenkratzern bebaute *Downtown,* die einen Bauboom spektakulärer Architektur wie der *Disney Hall* erlebt. Oder die palmenbekränzten Villenviertel der Stars in *Beverly Hills* und den Hügeln von *Hollywood*. Nicht zu vergessen die Slums in *East* und *South Central Los Angeles* mit Rassenunruhen und Kriegen schießwütiger Jugendgangs.

Auf den *freeways,* acht- bis zehnspurige Autobahnen, verbringt der Angeleno rund vier Stunden täglich im Stau. Der berüchtigte Smog ist in den letzten Jahren deutlich besser geworden, doch an heißen Tagen ohne Wind vom Meer schwebt noch immer eine ungesunde Dunstglocke über der Stadt. Aber um auf ein Auto zu verzichten, sind die Entfernungen zu groß. Wichtig: gründlich die Karte studieren, bevor Sie losfahren, und die Stauzeiten meiden.

Bild: Griffith-Observatorium in Los Angeles

Ganz entspannt im Stau: L. A. ist eine wuchernde Metropole mit ungebrochener Anziehungskraft

WOHIN ZUERST?

Das beste L.-A.-Feeling haben Sie bei einem Bummel über die Promenade von **Santa Monica (142 A4)** **(*E11)*** *(Parkhaus: Broadway/4th Street)*, das offiziell gar nicht zu L. A. gehör.t In der Nähe auf den Klippen über dem Pazifik liegt der Palisades Park. Per Rad, Auto oder Bus (blaue Linie 1, 2) geht's weiter nach Venice an den verrücktesten Strand von L. A.

Einen spannenden Querschnitt durch die Stadt bietet die Fahrt auf dem *Sunset Boulevard*. Von *Chinatown* und den ärmeren Vierteln um die *Downtown* führt er westwärts. Zuerst kommen die alte Filmkapitale *Hollywood* und das junge, flippige *West Hollywood,* dann folgen das mondäne *Beverly Hills* und schließlich *Bel Air,* das Villenviertel der Superreichen, ehe die Straße am Pazifik endet, wo sich in *Malibu* zahlreich die Filmstars angesiedelt haben. Ausführlich informiert Sie auch der MARCO POLO „Los Angeles".

Windschief verdrehte und geblähte Flächen: Frank O. Gehrys stählerne Walt Disney Concert Hall

SEHENSWERTES

ACADEMY MUSEUM (142 C3) (*E11*)

Ein Museum zur Geschichte der Oscars ist längst überfällig. Jetzt wird es gebaut! Eröffnung soll Ende 2018 sein. *Wilshire Blvd./Fairfax Av. | www.oscars.org*

AUTRY NATIONAL CENTER – MUSEUM OF THE AMERICAN WEST (143 D1) (*E11*)

Wildwestkunst und Sammelobjekte wie Buffalo Bills Sattel. Auf Videoleinwänden werden alte Western gezeigt. *Di–Fr 10–16, Sa/So 10–17 Uhr | Eintritt 14 $ | Griffith Park I-5/Fwy. 134 | theautry.org*

INSIDER TIPP BERGAMOT STATION ARTS CENTER (142 A4) (*E11*)

Rund 30 Galerien zeigen auf einem alten Fabrikgelände Avantgardekunst und Objekte zeitgenössischer kalifornischer Künstler. Beim Bummeln entdeckt man z. B. Andy Warhols Werke in der *Revolver Gallery,* die auf moderne Malerei spezialisierte *Skidmore Contemporary Gallery*, die *Robert Berman Gallery,* die oft Fotografie und Videos zeigt, und auch ein *Gallery Cafe* befinden. *Di–Fr 10–18, Sa 11–17.30 Uhr | Eintritt 15 $ | 2525 Michigan Av. | www.bergamotstation.com*

BEVERLY HILLS (142 B–C3) (*E11*)

Wo so viele Reiche und Berühmte leben – ob Diana Ross, Jack Nicholson, Sylvester Stallone, Jennifer Lawrence, Bruce Willis, Warren Beatty oder Jay Leno –, sind Stadtpläne mit deren Adressen *(star maps)* ein Hit. Die Faltblätter werden von fliegenden Händlern entlang des Sunset Boulevard angeboten. Fahren Sie die interessantesten Adressen ab (zu Fuß gehen entlarvt Sie als Touristen). Zu „entdecken" sind Gartenmauern, Gärtner und gepflegte Hecken sowie die patrouillierende Polizei von Beverly Hills.

Am und um den Rodeo Drive liegt zwischen Bedford und Rexford Drive, Santa Monica und Wilshire Boulevard das ★ *Goldene Dreieck*. Hier finden Sie die teuersten Geschäfte der Welt, an die 130 Restaurants, in denen Sie stilvoll pausieren können, und berühmte Hotels wie das *Beverly Wilshire (9500 Wilshire*

Blvd.), wo Richard Gere mit seiner „Pretty Woman" das Filmglück fand.

DOWNTOWN (143 E3–4) *(🕮 E11)*

Das Stadtzentrum liegt südlich der Kreuzung zweier Hauptverkehrsadern, dem Hollywood und dem Harbor Freeway. Es ist die einzige Ansammlung an Wolkenkratzern in der weiten Ebene, was der Blick von der Observation Platfrom des *US Bank Tower (633 W Fifth Street)* eindrucksvoll bestätigt. Für reichlich Adrenalin sorgt dort oben die neueste Attraktion von L. A.: Eine gläserne Rutsche in 310 Meter Höhe. Handschweiß ist garantiert! Neben Banken und Bürotürmen ist Downtown vor allem ein Kulturzentrum. Unbedingt einen Blick verdient am Hügel des *Music Center,* direkt neben der *Oper*, die 2003 von Frank Gehry in fließenden Formen errichtete *Walt Disney Concert Hall (111 S Grand Av./First Street)*. Unmittelbar nebenan erhebt sich seit 2015 der 140 Mio. Dollar teure, neueste Kulturpalast der City: das in eine komplizierte Wabenstruktur gehüllte Kunstmuseum *The Broad (Di/Mi 11–17, Do/Fr 11–20, Sa 10–20, So 10–18 Uhr | Eintritt frei | 221 S Grand Av.)*

Eine beliebte Kulisse vieler Hollywoodfilme ist die maurische Bahnhofswartehalle der *Union Station (800 N Alameda Street)*. Von hier fährt der *Coast Starlight* nach Oakland und San Francisco.

Die *City Hall (200 N Spring Street)* ist eines der höchsten Gebäude der Stadt. Der INSIDER TIPP *Grand Central Market (317 S Broadway)* ist mit seiner vorwiegend Spanisch sprechenden Kundschaft der lebhafteste Markt der Stadt. Das ehrwürdige *Biltmore Hotel (506 S Grand Av./W Fifth Street)* lädt zu einem Tee in der altspanisch gestylten Lobby ein – hier können Sie noch den Glanz vergangener Zeiten erahnen. Einfach und schnell können Sie sich in dem 2 km² großen Areal der Downtown mit dem Kleinbusservice *Dash* bewegen *(50 Cent)*. Dessen F-Route führt zum Staples Center, einem Sport- und Entertainmentkomplex am Südende

MARCO POLO HIGHLIGHTS

★ **Goldenes Dreieck**
Luxusshops und Edel-Food rund um den Rodeo Drive → S. 76

★ **Getty Center**
Großer Kunstgenuss in ultramoderner Architektur → S. 78

★ **TCL Chinese Theatre**
Das Kino der Stars am Hollywood Boulevard → S. 78

★ **Universal Studios Hollywood**
Rundfahrt durch die Kulissen der Kinowelt → S. 80

★ **Venice Beach**
Buntes Epizentrum der kalifornischen Strandkultur → S. 81

der Downtown, in dem auch die Grammys verliehen werden.

GETTY CENTER ★ ●

(142 A3) (*E11*)

Das reichste Museum der Welt, mit einem Stiftungskapital von 2 Mrd. Dollar, residiert in einem ultramodernen Komplex des New Yorker Architekten Richard Meier hoch über Brentwood. Allein die großartige Aussicht über die schier unendliche Stadtlandschaft von L. A. lohnt den Besuch, die Sammlungen des Ölmagnaten Jean Paul Getty umfassen vor allem Highlights der europäischen Kunst vor 1900. *Di–So 10–17.30, Sa bis 21 Uhr | Eintritt frei, Parkgebühr 15 $ | 1200 Sepulveda Blvd. | Anfahrt über I-405*

Die große Antikensammlung des Museums ist in der berühmten *Getty Villa (Mi–Mo 10–17 Uhr | Eintritt frei (Online-Ticketvorbestellung ratsam), Parkgebühr 15 $ | 17985 Pacific Coast Highway)* am Meer untergebracht. *www.getty.edu*

LOW BUDG€T

L. A. ist zwar nicht für öffentliche Verkehrsmittel bekannt. Aber Sie werden verblüfft sein, wo der *Metro Day Pass (7 $, Woche 25 $ | www.metro.net)* Sie überall hinbringt.

● Wollten Sie immer mal ins Fernsehen? In L. A. kein Problem – jedoch nur als Teil des Publikums bei Fernsehshows wie „Tonight Show" oder „Jeopardy". Gratistickets: *www.tvtix.com* oder *www.tvtickets.com*.

Nachlass auf Eintritte, Touren und Restaurants gibt es auf der Website *discoverlosangeles.com* unter *deals.*

GRAMMY MUSEUM (143 E3) (*E11*)

Die schönste Attraktion für Musikfans in der City: vier Stockwerke interaktive Ausstellungen über die Gewinner der Grammys und viel Musik zum Reinhören. *Tgl. 11.30–19.30, Sa/So ab 10 Uhr | Eintritt 13 $ | 800 W Olympic Blvd. | www.grammymuseum.org*

HOLLYWOOD BOULEVARD

(142 C2) (*E11*)

Was von den Glanztagen der alten Studios noch übrig geblieben ist, finden Sie auf dem Hollywood Boulevard zwischen Vine Street und La Brea Avenue, wo – fast verdeckt von den Souvenir- und T-Shirt-Läden – das ★ *TCL Chinese Theatre (6925 Hollywood Blvd.)* steht. Der Innenhof des drachengeschmückten, pagodeartigen Kinos ist der Ort, an dem 1927 Mary Pickford und Douglas Fairbanks als Erste mit der Tradition begannen, die Abdrücke ihrer Hände und Füße im frischen Zement zu hinterlassen. Heute findet man über 200 *Hollywoodgrößen* im Pflaster verewigt. Abends steigt im TCL noch manche prestigeträchtige Filmpremiere mit vielen Stars und Paparazzi. Weitere Prachtkinos aus den Glanztagen Hollywoods warten gegenüber: so das *El Capitan Theatre* oder das *Egyptian Theatre,* in dem einst „Ben Hur" und „My Fair Lady" Premiere feierten.

Die meisten Filmberühmtheiten sind jedoch jedes Jahr zur Oscarverleihung nebenan im *Dolby Theatre (Führungen tgl. 10.30–16 Uhr | 23 $ | 6801 Hollywood Blvd./Highland Av.)* zu erleben, einem schicken Entertainmentkomplex mit Läden und Restaurants. Ringsum befindet sich auf den Bürgersteigen des Hollywood Boulevard der *Walk of Fame,* rosafarbene Marmorsterne mit den Namen von Prominenten aus dem Showbusiness. Über 2500 Sterne wurden seit 1960 ins Pflaster eingelassen – inzwischen zum Preis von je

10 000 Dollar. Das Geld muss jeder Star als Preis für seinen Ruhm selbst aufbringen. Von den ☀ Terrassen im hinteren Teil des *Hollywood & Highland Center* ist auch das berühmte, in riesigen weißen Lettern gestaltete *Hollywood-Schild* in den Bergen über der Stadt zu sehen.

Der *Walk of Fame* auf dem Hollywood Boulevard: Wo die Sterne der Stars glänzen

INSIDER TIPP THE HOLLYWOOD MUSEUM ● (142 C2) (*E11*)

Auf vier Stockwerken erzählt das Museum mit alten Postern, Originalkostümen und Kulissensets die Geschichte der Filmindustrie. Besonders schön: die Schminkräume des legendären Visagisten Max Factor, dem das Gebäude früher gehörte. *Mi–So 10–17 Uhr | Eintritt 15 $ | 1660 N Highland Av. | Hollywood | www.thehollywoodmuseum.com*

HUNTINGTON LIBRARY, ART COLLECTIONS & BOTANICAL GARDENS (140 B4) (*E12*)

Auch hier finden Sie L.-A.-Superlative: Die Bibliothek enthält 6 Mio. Bücher und Schriften, darunter auch eine Gutenbergbibel. Und der 2 km² große botanische Garten bietet eine der INSIDER TIPP größten Kakteenpflanzungen der Welt sowie einen chinesischen Garten. Zudem gibt's britische Kunst des 18. und 19. Jhs. in der *Art Gallery*. *Mi–Mo 10–17 Uhr | Eintritt 23 $, an Wochenenden 25 $ | 1151 Oxford Road | San Marino | www.huntington.org*

LOS ANGELES COUNTY MUSEUM OF ART (LACMA) (142 C3) (*E11*)

Das größte Museum im ganzen Westen der USA besitzt in seinem über 130 000 Werke umfassenden Fundus europäische und amerikanische Kunst, aber auch hervorragende koreanische und japanische Werke. Auffälligster Neubau innerhalb des großen Komplexes ist das 150 Mio. Dollar teure, von Renzo Piano gestaltete *Broad Museum of Contemporary Art at LACMA* mit oft riesiggroßen Installationen. *Mo/Di, Do 11–17, Fr 11–20, Sa/So 10–19 Uhr | Eintritt 15 $ | 5905 Wilshire Blvd. | www.lacma.org*

Rauf aufs Rad: Venice Beach lässt sich perfekt per Bike erkunden

MUSEUM OF CONTEMPORARY ART (MOCA) (143 E3) (🗺 E11)

Ein aufsehenerregender Bau von Arato Isozaki. Drinnen warten Pop-Art und wechselnde Shows. Weitere Avantgardekunst, vor allem große Werke und Installationen, finden Sie unweit im zugehörigen *Geffen Contemporary (152 N Central Av./First Street). Mi–Mo 11–18, Do bis 20, Sa/So bis 17 Uhr | Eintritt 15 $ | 250 S Grand Av. | www.moca.org*

SANTA MONICA (142 A4) (🗺 E11)

Der Strandvorort von L. A. hat sich zu einem Zentrum der kreativen Avantgarde entwickelt. An der *Main Street* drängen sich Galerien und neue Restaurants. Und die Fußgängerzone *Third Street Promenade* ist eine der beliebtesten Flaniermeilen in ganz Los Angeles.

Nur einige Schritte weiter zieht sich der schön begrünte *Palisades Park* entlang der Ocean Avenue hin. Umrahmt von Palmen und Agavenblüten spazieren Sie hier auf den Klippen über dem Strand mit Blick auf den Pazifik und die Santa Monica Mountains. Auf dem *Santa Monica Pier* am Ende der Colorado Avenue gibt es jede Menge T-Shirts, Souvenirs und ein Karussell für die Kleinsten.

UNIVERSAL STUDIOS HOLLYWOOD ★ (142 C2) (🗺 E11)

Einen Blick hinter die Kulissen bietet die *Studio Tour*, eine Fahrt durch die Filmstudios, wo Serien wie „Columbo" und Filme wie Hitchcocks „Psycho", „King Kong", „Terminator", „Fluch der Karibik" oder „Indiana Jones" entstanden. Groß ist der Andrang, planen Sie die Tour daher gleich zu Beginn ein. Dazu gibt es Achterbahnen, Stuntshows, Filmattraktionen wie *Transformers* oder *The Simpsons*, die hier im nachgebauten Springfield leben, und einen eigenen Nightlifebezirk, den *Universal City Walk*.
Echte Highlights sind die Stuntshow *Waterworld* und bestimmt auch die 2016 neu eröffnete *Wizarding World of Harry Potter*, in der die Fans des Zauberlehrlings viele Figuren und Szenen wiedererkennen werden. *Tgl. 10–18, im Sommer*

9–20 Uhr | Eintritt 105–116 $ | Freeway 101/3900 Lankershim Blvd. | www.universalstudioshollywood.com

VENICE BEACH ★ ● (142 A5) (🗺 E11)
Am Wochenende erwacht der *Boardwalk,* die etwas vergammelte Promenade, die für das kalifornische Fitnessbewusstsein steht, zu neuem Leben. Noch immer treffen sich in Venice Beach Muskelmänner zum Training, während auf dem Boardwalk knapp bekleidete Rollerblader und wohlgebräunte Biker ihre Körper zur Schau stellen. Cafés, Bike- und Bladevermieter sowie Souvenirstände drängen sich am Fuß der *Windward Avenue,* wo auch in einem Bikepark die Rollerblade-Künstler auftreten. Witzige Restaurants, Galerien und Trendläden können Sie entlang des INSIDER TIPP *Abbot Kinney Boulevard* nur ein paar Straßen weiter im Binnenland entdecken.

TOUREN

L. A. CONSERVANCY
Die Dozenten dieses Architekturvereins führen jeden Samstag durchs historische Zentrum, zu den großartigen alten Kinopalästen am Broadway und den modernen Designbauten der Downtown. Englischkenntnisse nötig. Unterschiedliche Startpunkte. *Führung 10 $ | Tel. 1213 6 23 24 89 | www.laconservancy.org*

STARLINE TOURS
Halb- und ganztägige Touren durch Hollywood und zu den Star-Villen von Beverly Hills und Malibu. Hotelabholung. *Tel. 1323 4 63 33 33 | www.starlinetours.com*

ESSEN & TRINKEN

CAFÉ DEL REY (142 B5) (🗺 E11)
Leichte California Cuisine mit Mittelmeerakzenten. Viel frischer Fisch und Gratisblick auf den Yachthafen. Single-Treff mit starken Drinks. *4451 Admiralty Way | Marina Del Rey | Tel. 1310 8 23 63 95 | €€€*

COLD STONE CREAMERY
(142 E5) (🗺 E11)
Im Trend: leckere Eissorten, stets frisch zubereitet. Mehrere Filialien, z. B.: *36 Washington Blvd. | Marina del Rey | €*

GEOFFREY'S/MALIBU
(140 A4) (🗺 E11)
Beliebtes Ausflugsziel zum Brunch oder Lunch auf einem Kliff an der Pazifikküste. *27400 Pacific Coast Highway | nördl. von Malibu Canyon | Tel. 1310 4 57 15 19 | €€*

KULISSENSTADT L. A.

Beschleicht Sie hier manchmal das seltsame Gefühl: Das kenne ich doch? Kein Wunder, denn die Hollywoodproduzenten finden die besten Drehorte direkt vor ihrer Haustür – gutes Wetter inklusive. Die Strände von Santa Monica, die Straßen von Westwood und Beverly Hills – alle waren sie schon Kulissen für Krimis, Soaps und Kultklassiker. Im Beverly Wilshire Hotel verliebte sich Richard Gere in Julia Roberts *(Pretty Woman)*, Brat Pitt wandelte mit Angelina Jolie als *Mr. and Mrs. Smith* durch Downtown, und über den Turm der City Hall flog *Superman.* Augen auf also, wenn Sie irgendwo große LKW, Anhänger und Scheinwerfer sehen: Hier wird gefilmt!

HAMA SUSHI (142 A5) *(🕮 E11)*
Legeres Japanlokal mit Zeltdach, kreativem Sushi und viel Surfflair. *213 Windward Av. | Venice Beach | Tel. 1310 3 96 87 83* | €€

HILLSTONE (142 A4) *(🕮 E11)*
Gepflegtes Terrassenlokal mit moderner kalifornischer Küche, Sushi und guter Weinauswahl. *202 Wilshire Blvd. | Santa Monica | Tel. 1310 5 76 75 58* | €€

LALA'S GRILL (142 C3) *(🕮 E11)*
Junge Szene und viel Energie und Sangria, dazu argentinische Steaks und andere südamerikanische Leckereien. Schön auf der Terrasse. *7229 Melrose Av. | Hollywood | Tel. 1323 9 34 68 38* | €€–€€€

LEMONADE (142 A4) *(🕮 E11)*
Gesund, frisch, lecker – und schnell, geht das? Ja, in den Filialen dieser schicken Fastfoodkette aus L. A. wird im Cafeteriastil allerlei Feines und auch Veganes aufgetischt. *301 Arizona Av. | Santa Monica* | €

M STREET KITCHEN (142 A4) *(🕮 E11)*
Witziges, junges Trendlokal mit exzellenter Küche: mexikanische Fisch-Tacos, amerikanische Burger, japanisches Sushi und Südstaaten-*Fried-Chicken*. *2000 Main Street | Santa Monica | Tel. 1310 3 96 91 45 | mstreetkitchen.com* | €€

INSIDER TIPP **MEL'S DRIVE-IN**
(142 C2) *(🕮 E11)*
Ein Coffeeshop wie aus dem Film – besucht auch von vielen Stars. Gut zur Einstimmung: *www.melsdrive-in.com*. *8585 Sunset Blvd. | West Hollywood* | €

PINK'S HOT DOGS (142 C3) *(🕮 E11)*
Die besten Hot Dogs Amerikas! Und das bis 2 Uhr nachts. Perfekt, um in der Schlange Leute kennen zu lernen. *709 N La Brea Av./Melrose Av. | Hollywood* | €

REPUBLIQUE (142 C3) *(🕮 E11)*
Charlie Chaplins früheres Filmstudio wurde zu einem Hof mit Balkonen umgewandelt. Statt zum Drehen treffen sich nun die Stars hier zum Schlemmen. *624 S La Brea Av./Wilshire Blvd. | West Hollywood | Tel. 1310 3 62 61 15* | €€–€€€

INSIDER TIPP **URTH CAFFÉ**
(142 A4) *(🕮 E11)*
Gemütliches Kaffeehaus mit Biokaffee und guten Desserts. *2327 Main Street | Santa Monica | Tel. 1310 3 14 70 40* | €

EINKAUFEN

Überall in L. A. gibt es große Malls, teils sogar richtige Einkaufspaläste wie das *Beverly Center* (142 C3) *(🕮 E11) (8500 Beverly Blvd./Third Street)* mit schicken US-Markenläden und Restaurants wie dem *Hard Rock Café* mit einem knallgrünen Cadillac auf dem Dach. Eine große Mall mit viel California-Feeling und schönen Restaurantterrassen im Obergeschoss ist die *Santa Monica Place Mall* (142 A4) *(🕮 E11) (395 Santa Monica Place)*.
Gut shoppen können Sie auch am *Sunset Strip* (142 C2) *(🕮 E11)*, und zwar am 8600er-Block des Sunset Blvd., an der auch bei Schauspielern beliebten *Montana Avenue (Nr. 900–1400)* und an der *Main Street* (142 A4) *(🕮 E11)* in Santa Monica.

L. A. FARMER'S MARKET
(142 C3) *(🕮 E11)*
Marktstände mit großer Lebensmittelauswahl; im angeschlossenen Shoppingcenter *The Grove* auch Designerklamotten. Dazu finden Sie Restaurants und Imbisse, in denen sich oft auch die Stars des benachbarten Fernsehstudios *CBS* blicken lassen. *Mo–Fr 9–21, Sa bis 20, So 10–19 Uhr | 6333 W 3rd Street/Fairfax Av. | West Hollywood*

MELROSE AVENUE (142 C3) (🗺 E11)

Unzählige ausgefallene Boutiquen, die mit ihrem europäisch beeinflussten Retrolook für ganz Amerika den Ton angeben, sowie Sandwichshops und Cappuccinobars in niedrigen, restaurierten Häuser aus den 1920er-Jahren,oft ergänzt um auffällige Fassaden. *Geschäfte meist 11–20 Uhr | zw. Fairfax und La Brea Av. | West Hollywood*

SANTA MONICA FARMER'S MARKET (142 A4) (🗺 E11)

Samstags ist Biomarkt, sonntags präsentieren wechselnde Ökorestaurants ihre Kochkünste – mit Livemusik. *Sa 8–13 (3rd Street/Arizona Av.), So 8.30–13.30 Uhr (2640 Main Street) | Santa Monica*

SPORT & STRÄNDE

GOLD'S GYM (142 A4) (🗺 E11)

Das berühmteste Bodybuildingstudio der ganzen USA. *360 Hampton Drive | Venice | Tel. 1310 3 92 60 04 | www.goldsgym.com*

STRÄNDE

Santa Monica Beach mit großartigem Panorama ist der am schnellsten vom Zentrum aus zu erreichende Strand. Nach Norden schließen sich die auch bei Surfern beliebten Strände *Surfrider, Malibu Lagoon*, *Point Dume*, *Zuma Beach County Park* und *Leo Carillo* an. Nach Süden liegen *Venice Municipal*, *Playa del Rey*, *Redondo State Beach* sowie *Manhattan Beach*, Zentrum der Beachvolleyballspieler, die hier prämienträchtige Turniere austragen.

AM ABEND

Veranstaltungstipps finden Sie in der Tageszeitung *Los Angeles Times* sowie in der kostenlosen Wochenzeitung *LA Weekly (www.laweekly.com)*.

PLAYHOUSE (142 C2) (🗺 E11)

Mehrstöckiger Top-Nachclub, in dem freitags und samstags internationale DJs auflegen. Am besten vorab über die Website anmelden. *6506 Hollywood Blvd. | Hollywood | playhousenightclub.com*

Luxuslabels ohne Ende – am Rodeo Drive shoppen die Reichen und Schönen Hollywoods

ROXY ON SUNSET (142 C2) *(🕮 E11)*
Livebühne mit sehr guten, täglich wechselnden Bands jeder Stilrichtung. *9009 W Sunset Blvd. | West Hollywood | www.theroxy.com*

SADDLE RANCH (142 C2) *(🕮 E11)*
Schon mal auf einem mechanischen Bullen geritten? In diesem Wildwest-Partylokal im Nightlifeviertel haben Sie Ihre Chance dafür. *Sunset Blvd. | West Hollywood | www.thesaddleranch.com*

THE VIPER ROOM (142 C2) *(🕮 E11)*
Live-Performances und Bar; der bekannte Club gehörte schon mal Johnny Depp. Bekannt auch, weil River Phoenix hier tot zusammenbrach. Viele Berühmtheiten, Fotografieren ist aber verboten! *8852 Sunset Blvd. | West Hollywood | Tel. 1310 3 58 18 81 | www.viperroom.com*

WEST END (142 A4) *(🕮 E11)*
Je nach DJ im Dienst Hip-Hop, Salsa, Funky Sounds und Reggae in buntem Wechsel, Montags ist *Salsa Night. 1301 5th Street | Santa Monica | www.westendsm.com*

ÜBERNACHTEN

Vergessen Sie nicht: Los Angeles ist halb so groß wie das Ruhrgebiet. Die besten Standorte sind Santa Monica/Venice Beach, Westwood, West Hollywood und Beverly Hills.

INSIDER TIPP **ACE HOTEL**
(143 E3) *(🕮 E11)*
Dieses ultrastylische kleine Hotel im grandios restaurierten Bau des United-Artists-Kinos in Downtown L. A. lässt die Ära der Stummfilme aufleben. *182 Zi. | 929 S Broadway | Tel. 1213 6 23 32 33 | www.acehotel.com | €€€*

CAL MAR SUITES (142 A4) *(🕮 E11)*
Solides Motel mit 36 großen Suitezimmern, gute Lage zum Meer. *220 California Av. | Santa Monica | Tel. 1310 3 95 55 55 | www.calmarhotel.com | €€*

CARLYLE INN (142 C3) *(🕮 E11)*
Einfaches, aber witzig gestyltes Haus am Rand von Beverly Hills. *32 Zi. | 1119 S Robertson Blvd. | Tel. 1310 2 75 44 45 | www.carlyle-inn.com | €€*

HOTEL ERWIN (142 A4) *(🕮 E11)*
Angesagtes Design-Hotel direkt am Venice Beach. Total in ist die Open-Air-Lounge auf der ☀ Dachterrasse. *119 Zi. | 1697 Pacific Av. | Venice Beach | Tel. 1310 4 52 11 11 | www.hotelerwin.com | €€*

HILGARD HOUSE (142 B3) *(🕮 E11)*
Gemütliches Hotel in Westwood. Geschäfte, Restaurants und Uni in Fußnähe. *55 Zi. | 927 Hilgard Av. | Tel. 1310 2 08 39 45 | www.hilgardhouse.com | €€*

MONDRIAN (142 C2) *(🕮 E11)*
Immer noch coolste Trendherberge in West Hollywood – ein Werk des französischen Architekten Philippe Starck. Lobby, Pool und die *Sky Bar* (unbedingt reservieren) sind Treffpunkte der Stars. Im Haus das Restaurant *Ivory on Sunset. 238 Suiten | 8440 Sunset Blvd./Olive Street | Tel. 1323 6 50 89 99 | www.mondrianhotel.com | €€€*

SEA SHORE MOTEL (142 A4) *(🕮 E11)*
Nettes Motel, mittendrin im Trubel von Venice und in Laufweite zum Strand. *19 Zi. | 2637 Main Street | Santa Monica | Tel. 1310 3 92 27 87 | www.seashoremotel.com | €–€€*

VENICE BEACH COTEL (142 B4) *(🕮 E11)*
Backpacker-Hostel direkt am Strand von Venice; schlichte Mehrbettzimmer und

Von Los Angeles auf die Insel? Santa Catalina Island liegt nur eine Fährstunde entfernt

auch private Doppelzimmer. *40 Betten | 25 Windward Av. | Tel. 1310 3 99 76 49 | www.venicebeachcotel.com* | €

AUSKUNFT

BEVERLY HILLS VISITOR CENTER

(142 B3) *(🗺 E11)*

9400 S Santa Monica Blvd. | Tel. 1800 3 45 22 10 | www.lovebeverlyhills.com

LOS ANGELES VISITORS INFORMATION CENTER (143 E3) *(🗺 E11)*

6801 Hollywood Blvd. | Tel. 1323 4 67 64 12 | www.discoverlosangeles.com

SANTA MONICA VISITOR INFORMATION CENTER

(142 A4) *(🗺 E11)*

Palisades Park | 1400 Ocean Av. | Tel. 1310 3 93 75 93 | www.santamonica.com

ZIELE IN DER UMGEBUNG

PASADENA (140 B4) *(🗺 E11)*

15 km nordöstlich von Los Angeles liegt Pasadena (140 000 Ew.), dessen Altstadt um die *Colorado Avenue* zum Treffpunkt geworden ist. Sehenswert: das *Norton Simon Museum* (143 F1) *(🗺 E11) (Mo, Mi/Do 12–17, Fr/Sa 11–20, So 11–17 Uhr | Eintritt 12 $ | 411 W Colorado Blvd.)* mit Picasso-Zeichnungen und Werken von Kandinsky und Klee, dazu eine schöne Gartenanlage. Die Stadt ist zudem ein Mekka für Antikfans, die vor allem an der Holly Street zwischen Fair Oaks und Los Robles fündig werden. An jedem zweiten Sonntag im Monat findet der *Rose Bowl Flea Market* im Footballstadion statt, mit 2500 Verkäufern einer der größten der USA.

SANTA CATALINA ISLAND

(140 B5) *(🗺 E12)*

Die Insel (4000 Ew.) mit in der Woche leeren Stränden liegt 30 km von L. A. entfernt und ist per Fähre von *Long Beach* und *San Pedro* zu erreichen *(Hin- und Rückfahrt ca. 80 $ pro Person)*. Von Kaugummikönig William Wrigley stammt das Kasino in der Inselhauptstadt *Avalon*, seine Villa ist heute Luxushotel. *www.catalinachamber.com*

DER SÜDEN

Bei einer Reise entlang der Westküste macht Badeurlaub erst südlich von Los Angeles richtig Spaß. Hier ist das Wasser des Pazifiks warm genug und tobt jenes bunte Strandleben mit Surfern und Beachvolleyball, das in unzähligen Filmen verherrlicht wurde.

Doch Südkalifornien ist groß und wartet mit vielen Kontrasten auf. Seine zivilisierte Seite erleben Sie entlang der gut 150 km langen Küste, deren Bevölkerung in den letzten Jahrzehnten geradezu explodierte: Von L. A. bis zur mexikanischen Grenze reiht sich Haus an Haus und Einkaufszentrum an Einkaufszentrum. Aufgelockert durch die künstliche Kurzweil der Vergnügungsparks, aufgewertet durch Museen für zeitgenössische Kunst, durchschnitten von schnurgeraden Straßen und gespickt mit schönen Stränden, lässt dieser Landstrich nur wenig von seiner Geschichte erkennen. Dabei landete 20 km nördlich von San Diego 1542 mit dem Portugiesen Juan Rodriguez Cabrillo der erste Europäer in Kalifornien.

Doch die erschlossene Küstenregion ist nur eine Seite Südkaliforniens. Hinter den Küstenbergen wartet eine andere, viel einsamere Welt: das Reich der Wüsten, die rund ein Viertel des ganzen Staats ausmachen.

Die Biologen teilen die Region in die heiße, lebensfeindliche Colorado Desert im Süden und in die etwas kühlere, höher gelegene Mojave Desert mit ihren charakteristischen Yuccapalmen weiter nördlich. Große Abschnitte der Wüsten stehen heute in State und National

Bild: im High-Desert-Ökosystem der Mojavewüste

Im sonnigen Süden des Golden State: schöne Strände, heiße Wüsten und ein leichtes Leben

Parks wie Death Valley oder Joshua Tree unter Schutz. Aber auch die amerikanischen Streitkräfte haben sich Teile der menschenleeren Landstriche reserviert: als Testgelände oder als Landeplatz für Raumfähren in der *Edwards Air Force Base*. Und dann gibt es noch Oasen wie Palm Springs – die vergoldete Wüstenstadt. Im luxuriösen Resort residieren zwischen grünen Golfplätzen und Swimmingpools in palmenumsäumten Anwesen die reichen und prominenten Kalifornier im Winter.

ANAHEIM

(140 B4–5) (*F11*) **Eigentlich wäre Anaheim nur einer unter vielen der südlichen Vororte von Los Angeles – wäre nicht 1955 Walt Disney gekommen.**
Hier verwirklichte er seinen Lebenstraum: einen Themenpark, der mehr bietet als Achterbahnen und Karussells. Seither ist die Stadt (350 000 Ew.) rapide angewachsen und macht das Geschäft mit dem Vergnügen zum *big business*.

SEHENSWERTES

DISNEYLAND ★

Der älteste Vergnügungspark der Welt. Jedoch sorgen Hightech-Achterbahnen wie *Indiana Jones* oder die 3-D-Attraktion *Star Tours* dafür, dass der Park aktuell bleibt. Aber auch die schon länger bestehenden Attraktionen in dem in verschiedene Länder eingeteilten Park sind sehenswert: die Bootsfahrt durch die Phantasiewelt der *Pirates of the Caribbean* etwa oder die *Jungle Cruise*. Kleinere Kinder begeistern eher die Darsteller in Micky- und Goofy-Kostümen sowie Schneewittchen und andere bekannte Märchenfiguren. *Im Sommer meist tgl. 8–22 Uhr | Eintritt 97–124 $, auch günstige Mehrtagestickets erhältlich | I-5 Exit Disneyland Drive | Tel. 1714 7814565 | www.disneyland.com*

Disneyland: Aus dem Magic Kingdom grüßt das Matterhorn

DISNEY'S CALIFORNIA ADVENTURE

Der zweite Disney-Park Anaheims liegt direkt neben Disneyland – nicht ganz so groß, aber moderner und mit dem Thema Kalifornien. Besonders schön: die *Muppets-Show* und die atemraubende Achterbahn *California Screamin'*. *Wechselnde Öffnungszeiten, im Sommer meist tgl. 10–20 Uhr | Preise und Kombi-Tickets wie Disneyland*

ÜBERNACHTEN

DISNEYLAND HOTEL

Hat eigene Spielanlagen und ist mit Disneyland per Monorail-Bahn verbunden. *969 Zi. | 1150 Magic Way | Tel. 1714 7786600 | www.disneyland.com | €€€*

MARRIOTT RESIDENCE INN

Modernes Hotel mit 200 sehr großen Suitezimmern. Gut für Familien geeignet. *11931 Harbor Blvd. | Tel. 1714 5914000 | www.residenceinnanaheim.com | €€*

SUPER 8

Eines der vielen Motels in Fußmarschnähe von Disneyland und rund 10 km von Knott's Berry Farm entfernt. *173 Zi. | 415 W Katella Av. | Tel. 1714 7786900 | www.super8anaheim.com | €*

ZIELE IN DER UMGEBUNG

CHRIST CATHEDRAL (140 B5) (*🗺 F11*)
Kühne Kirchenkonstruktion eines Fernsehpredigers aus mehr als 10 000 Glasscheiben. Seit 2013 wird der Bau von der katholischen Kirche genutzt. *Führungen Mo–Sa 10 und 13 Uhr | 12141 Lewis Street | Garden Grove | 10 km von Anaheim*

INSIDER TIPP **KNOTT'S BERRY FARM**
(140 B4–5) (*🗺 F11*)
Nur 15 Minuten Fahrt weiter westlich wartet ein weiterer riesiger Vergnügungspark, den vor allem Achterbahnfans nicht auslassen dürfen. Die spannendste Fahrten sind der 30-stöckige *Supreme Scream* und *Silver Bullet*. Dazu gibt's Wildwasserfahrten, eine Wildwest-Geisterstadt und für die Kids: *Camp Snoopy*. Und zum Abkühlen: Gleich nebenan liegt der dazugehörige, gigantische Wasserpark *Soak City USA. Im Sommer meist 10–22 Uhr, sonst abends kürzer | Eintritt 75 $ | 8039 Beach Blvd. | Buena Park | www.knotts.com*

QUEEN MARY (140 B5) (*🗺 E11*)
Der britische Luxusliner, einst größtes Passagierschiff der Welt, liegt heute in Long Beach, ca. 40 km von Anaheim, vor Anker und dient als Museum und Hotel. Zu besichtigen sind Kapitänsbrücke, Maschinenraum und die oberen Decks. Auch Nachtführungen. *Tgl. 10–18 Uhr | Eintritt 28–34 $ | 1126 Queens Highway | Long Beach | www.queenmary.com*

COLORADO RIVER AREA

(141 F3–5) (*🗺 H10–11*) **Der zu mehreren großen Seen gestaute Colorado River – größter und wichtigster Fluss im Südwesten der USA – bildet die Grenze zwischen Kalifornien und Arizona.**
In letzter Zeit hat sich die Wüstenregion beiderseits des Flusses zum Spielplatz der Kalifornier entwickelt: mit großen Yachthäfen, vielen Campingplätzen und mit Kasinos auf der Nevada-Seite.

MARCO POLO HIGHLIGHTS

★ **Disneyland**
In Anaheim, dem ersten Vergnügungspark von Walt Disney, wurden und werden die Standards für Freizeitparks in aller Welt gesetzt
→ S. 88

★ **Death Valley**
Endloser Wüstensand, Salzseen und Felsgestein in allen Farben – ein heißes, magisches Tal voller Extreme
→ S. 90

★ **Laguna Beach**
Hübsche Küstenstadt mit Kunst und Tradition – und einer wunderbaren Strandbucht → S. 92

★ **Joshua Tree National Park**
Bizarre Felsen und baumhohe Yuccas im Herzen der Mojavewüste
→ S. 95

★ **San Diego Zoo**
Einer der besten Zoos der Welt: schöne naturnahe Gehege, eine ungeheure Artenvielfalt mit über 4000 Tieren und Zooführungen per Bus → S. 96

★ **Sea World**
In dem riesigen Vergnügungspark spielen Seelöwen, Orcas, Eisbären und Pinguine die Hauptrolle → S. 96

Lake Havasu: Freizeitsee und Wasserlieferant für Los Angeles und San Diego

SEHENSWERTES

ORTE AM COLORADO RIVER

Needles (141 F3) (*H10*) ist ein Städtchen mit vielen historischen Gebäuden aus den Tagen der Santa Fe Railroad und schönen Campingplätzen am Fluss. In *Lake Havasu City* (141 F4) (*H11*) ließ der Millionär Robert P. McCulloch Anfang der 1970er-Jahre die an der Themse zerlegte *London Bridge* Stein für Stein wieder aufbauen. Und *Blythe* (141 F5) (*H11*) ist ein guter Ausgangspunkt für einen Trip auf dem Colorado – per Kanu oder Floß.

Halb- und ganztägige Kanu- und Raftingtouren in die Schluchten des Colorado und Bootsvermietung bietet *Jerkwater Canoe Company (Topock | Arizona | Tel. 1800 4217803 | www.jerkwatercanoe.com)*. Allgemeine Informationen zur Region über *Needles Chamber of Commerce (Front Street/G Street | Tel. 1760 3262050 | www.needleschamber.com)*.

DEATH VALLEY

(140–141 C–D 1–2) (*F–G 8–9*) **Steinige Ödnis und flirrende Extremhitze hat in Kalifornien einen Namen: „Tal des Todes". Hier in ★ ● Death Valley liegt auch Badwater**

Umrahmt von bis zu 3368 m hohen Gipfeln wie dem *Telescope Peak* und angefüllt mit salzigen Seen, wird die Vielfalt des Wüstenlebens nirgendwo deutlicher als in dem über 180 km langen Tal. Riesige Krater, die Überreste alter Vulkane, und markante Canyons schillern dank Metall- und Mineralablagerungen in allen Farben und bergen einen bizarren Formenreichtum. Der Ort *Furnace Creek* ist der Mittelpunkt des Nationalparks mit Motels, Campingplätzen, Restaurants, einem öffentlichen Schwimmbad und guten Ausstellungen im *Visitor Center*.

SEHENSWERTES

ARTIST'S PALETTE DRIVE

Die Seitenstraße der US 178 führt zu einer der Gesteinsformationen, aus denen das Morgen- und Abendlicht die Farbenvielfalt einer Malerpalette herausholt. Das schräge Licht der Sonne setzt auch die großen Sanddünen bei *Stovepipe Wells* am besten in Szene. Schon in den 1920er-Jahren drehte Hollywood hier die ersten „arabischen" Wüstenfilme.

SCOTTY'S CASTLE

Dies ist der unvollendete Lebenstraum des Abenteurers Walter Scott, der sich 1924 für 2,4 Mio. Dollar in einem einsamen Canyon ein maurisch inspiriertes Schloss errichten ließ. *123 Scotty's Castle Road*

ZABRISKIE POINT/DANTE'S VIEW

Der Aussichtspunkt *Zabriskie Point* hoch über den erodierten Hügeln und ausgetrockneten Seen der Wüste wurde durch Michelangelo Antonionis gleichnamigen Film berühmt. Mindestens ebenso beeindruckend aber ist – besonders in den frühen Morgenstunden – der Blick von *Dante's View*, der über die gesamte Länge des Tals geht.

ÜBERNACHTEN

FURNACE CREEK RANCH & INN

Eine weitläufige Oase mit Motelzimmern und rustikalen Ranchhütten nahe dem tiefsten Punkt des Tals – und mit dem tiefsten Golfplatz der Welt. Etwas entfernt am Berghang liegt der historische, nur von Oktober bis Mai geöffnete *Inn,* in dem schon viele Hollywood-Stars nächtigten. *Ranch 244 Zi., Inn 66 Zi. | Tel. 1760 7862345 | Furnace Creek | www.furnacecreekresort.com |* €€–€€€

AUSKUNFT

FURNACE CREEK VISITOR CENTER

190 California Highway | Furnace Creek | Tel. 1760 7863200 | www.nps.gov/deva

DIE WÜSTE DROHT

Es war Anfang August 2009, als Alicia Sanchez zu einem Ausflug ins Death Valley aufbrach. Zufällig fand ein Parkranger sie einige Tage später auf einer Seitenpiste, halb verdurstet, ihr Jeep bis zu den Achsen im Sand eingegraben. Das Tragische: Ihr elfjähriger Sohn hatte die Hitze und Dehydrierung nicht überlebt. Alicia kam aus Las Vegas. Man möchte meinen, sie hätte die Wüste kennen müssen. Doch irgendwo war sie falsch abgebogen, hatte das GPS falsch verstanden, hatte nicht genug Wasser dabei. In so einem Fall kann die sonst so faszinierende, harmlos aussehende Wüste schnell sehr gefährlich werden. Vorfälle wie diesen gibt es im Südwesten der USA immer wieder. Doch die kann man mit ein paar Grundregeln vermeiden: 5 l Wasser pro Person und Tag mitnehmen. Immer mehr Benzin im Tank haben, als für die geplante Strecke nötig ist. Nie in ausgetrockenten Bachbetten campen – wenn es im Hinterland regnet kann es ganz schnell zu einer Überflutung kommen. Ebenfalls hilfreich: eine Pinzette zum Herausziehen von Kakteenstacheln ...

ZIEL IN DER UMGEBUNG

MOJAVE NATIONAL PRESERVE

(141 D–E 2–3) (*G–H10*)
Die ca. 80 km südlich gelegene Mojavewüste bezeichnen die Amerikaner als *High Desert*, denn sie liegt auf 1000 bis 1600 m Höhe. Tiere (Kojoten, Schildkröten, Hasen) und Pflanzen (Kakteen, andere Sukkulenten, Mesquitbäume) gedeihen in ungeahnter Vielzahl. Im Frühjahr verwandeln die Wildblumen (am schönsten: der kalifornische Mohn) manche Abschnitte in ein Farbenmeer. *Cima Dome* ist ein 500 m hoher Granitmonolith, auf dessen Oberfläche *Joshua trees* wachsen. *Cinder Cones National Natural Landmark* birgt kegelförmige Vulkankrater und urzeitliche Felsmalereien. Die *Kelso Dunes* und der *Devil's Playground* sind faszinierende Sanddünenlandschaften. Zu den schönsten Routen gehören *Kelbaker Road* (die Nordsüdverbindung zwischen Baker und der I-40) und *Mojave Road*, der alte Indianertrail, per Jeep befahrbar (in Las Vegas oder Palm Springs zu mieten). Infos: *Kelso Depot Information Center (Kelso | Tel. 1760 2 52 61 08 | www.nps.gov/moja)*

Da hilft nur Trinken: 35 Grad und mehr sind in der Wüste an der Tagesordnung

LAGUNA BEACH

(140 B5) (*F12*) **Das hübsch an einer Klippe gelegene Strandstädtchen hat Tradition, auch wenn ★ Laguna Beach mit 23 000 Einwohnern längst über die Grenzen der ursprünglichen Künstlerkolonie hinausgewachsen ist.**
Doch Kunst und Kunsthandwerk spielen noch immer eine große Rolle, besonders während des Sommers, wenn von Juli bis Ende August im *Irvine Bowl Park* das große *Festival of Arts* stattfindet.

SEHENSWERTES

LAGUNA ART MUSEUM

Große und gute Ausstellungen moderner wie älterer südkalifornischer Künstler. *Do 11–21, Fr–Di 11–17 Uhr | Eintritt 7 $ | 307 Cliff Drive*

ESSEN & TRINKEN

LAS BRISAS

Lebhafter Mexikaner, bei dem Tacos und Margaritas serviert werden – unter freiem Himmel mit Blick aufs Meer. *361 Cliff Drive | Tel. 1949 4 97 54 34 | €€€*

ZINC CAFÉ & MARKET

Luftiges Café für Frühstück und Lunch mit angeschlossenem Gourmetmarkt. Mittwochs bis sonntags auch Dinner. Nicht explizit bio, aber die Zutaten sind alle regional und superfrisch. *350 Ocean Av. | Tel. 1949 4 94 63 02 |* €€

ÜBERNACHTEN

ART HOTEL LAGUNA BEACH

Einfaches, älteres Motel mit Pool nicht weit vom Strand. *28 Zi. | 1404 Coast Highway | Tel. 1949 4 94 64 64 | www.arthotellagunabeach.com |* €–€€

INN AT LAGUNA BEACH

Gepflegtes Strandhotel, das sehr geschmackvoll mit luftigem California-Feeling gestaltet ist. *70 Zi. | 211 N Coast Highway | Tel. 1949 4 97 97 22 | www.innatlagunabeach.com |* €€€

RITZ-CARLTON LAGUNA NIGUEL

Eines der 20 besten Hotels der USA. Schön gelegen über den Felsen direkt am Meer, mit zwei Pools, Wellnesscenter und drei Restaurants. *396 Zi. | 1 Ritz Carlton Drive | Dana Point | Tel. 1949 2 40 20 00 | www.ritzcarlton.com |* €€€

AUSKUNFT

LAGUNA BEACH VISITORS BUREAU

381 Forest Av. | Tel. 1949 4 97 92 29 | www.visitlagunabeach.com

ZIELE IN DER UMGEBUNG

DANA POINT (140 B5) (*F12*)

Ideal für einen Bummel nach dem Strand: Viele Restaurants und Shops reihen sich um den alten Hafen des Orts (36 000 Ew.) knapp 10 km südlich von Laguna Beach. Von hier starten auch Tagestouren nach *Santa Catalina Island*.

HUNTINGTON BEACH

(140 B5) (*E12*)

Man glaubt, die Beach Boys „Surfing USA" singen zu hören. Kein Wunder, denn der Ort (200 000 Ew.) knapp 20 km nördlich von Laguna Beach ist seit fast hundert Jahren die legendärste Surftown Kaliforniens. Vom langen Pier im Ort können Sie den Wellenreitern von oben zuschauen. Auf der Main Street sind die Namen von Surferlegenden aus aller Welt im *Surfing Walk of Fame* in Bronzeplatten gegossen. Entsprechend bunt ist die Szene hier vertreten, vor allem wenn Anfang September Meisterschaften stattfinden. Das kleine *International Surfing Museum (Di–So 12–17 Uhr | Eintritt 2 $ | 411 Olive Av.)* feiert die Meister der Kunst. Weit edler ist gleich nebenan *Newport Beach* (140 B5) (*F12*) (80 000 Ew.) mit schicken Galerien und Shops auf Fashion Island. An die 10 000 Yachten haben im Hafen Platz – da ist der Beiname „amerikanische Riviera" wohlbegründet.

SAN JUAN CAPISTRANO

(140 C5) (*F12*)

Rund 15 km von Laguna Beach in den Hügeln liegt dieser historische Ort (36 000 Ew.) voller kolonial anmutender Adobe-Gebäude um die Ruinen der 1776 gegründeten spanischen INSIDER TIPP *Mission San Juan Capistrano (tgl. 9–17 Uhr | Eintritt 9 $ | Hwy. 74)* mit einem ausgezeichneten Museum und der ältesten Kirche Kaliforniens, deren Name auf den italienischen Kreuzzugsprediger Johannes von Capistrano (14./15. Jh.) zurückgeht.

PALM SPRINGS

(141 D5) (*G11*) **Heiße Quellen waren schon immer die Attraktion des Coachel-**

la Valley bei Palm Springs (46 000 Ew.), einem derzeit wieder sehr im Trend liegenden Erholungsort hinter den Küstenbergen von Los Angeles.

Am Nordrand der Stadt überziehen große Windfarmen mit ihren Turbinen das Wüstenland. Der so gewonnene Strom wird dringend für Wasserpumpen und Kühlanlagen gebraucht. Im *Coachella Valley* finden sich heute gut 125 Golfplätze, 300 Tennisplätze und weit über 7000 Pools.

Die Cahuilla-Indianer in der *Agua Caliente Indian Reservation* besitzen bis heute einen Großteil des Lands. Durch die Einnahmen aus Verpachtung gehören sie zu den reichsten Stämmen Amerikas. In den *Indian Canyons,* 8 km südlich vom Stadtzentrum von Palm Springs, können Sie wunderbar entlang des Bachs durch wilde Palmenhaine wandern *(im Sommer nur am Wochenende geöffnet)*.

Östlich von Palm Springs reihen sich am East Palm Canyon Drive die Oasen des guten Lebens aneinander. *Rancho Mirage*, *Indian Wells*, *Palm Desert* – alles Refugien für betuchte Frührentner, die hier ihre Tage mit Golfen und ihre Abende mit Martinis auf der Terrasse verbringen.

SEHENSWERTES

INSIDER TIPP THE LIVING DESERT

Für Wüstenfüchse ein echter Leckerbissen: auf dem 4,8 km² großen Freigelände Hunderte von Kakteen, dazu Schlangen, Bergschafe und viele andere Wüstentiere in natürlicher Umgebung. Im angeschlossenen *Palo Verde Garden Center* gibt es ökologisch korrekt gezüchtete Kakteen und andere Wüstenpflanzen – ideale Souvenirs. *Tgl. 9–17, im Sommer 8–13.30 Uhr | Eintritt 20 $ | 47900 Portola Av. | Palm Desert | www.livingdesert.org*

PALM SPRINGS AERIAL TRAMWAY

In kaum 20 Minuten schwingt sich diese 4 km lange Seilbahn vom Wüstenboden auf eine Höhe von 2640 m über dem Meer. Von der Endstation haben Sie an klaren Tagen eine Aussicht bis zu einer Entfernung von 130 km! Im *San Jacinto State Park* (140 C5) (F11) finden Sie kühle Kiefernwälder, 80 km Wanderwege und – in schneereichen Wintern – Loipen zum Skilanglauf sowie Skiverleiher. *Mo–Fr 10–20, Sa/So 8–20 Uhr | Eintritt 26 $, Tipp: die Gondelfahrt inkl. Dinner kostet nach 16 Uhr nur 36 $ | Hwy. 111*

PALM SPRINGS ART MUSEUM

Schwerpunkte sind moderne amerikanische und indianische Kunst. *Sa–Di 10–17, Do/Fr 12–21 Uhr | Eintritt 15 $ | 101 Museum Drive*

ESSEN & TRINKEN

BLUE COYOTE GRILL

Beliebter Grill: Das Warten auf scharf gewürzte Spezialitäten aus dem Südwesten lohnt. *445 N Palm Canyon Drive | Tel. 1760 3 27 11 96 | €€*

EINKAUFEN

DESERT HILLS PREMIUM OUTLETS

Ein riesiges Shopping-Center am Nordrand des Coachella Valley mit 130 Discountläden namhafter Hersteller wie Armani und Versace. *Mo–Sa 10–21, So 10–20 Uhr | Freeway I-10 Cabazon*

ÜBERNACHTEN

COYOTE INN

Ein schönes kleines, im Adobe-Stil gebautes Hotel. Zimmer mit Küche. Swimmingpool. *7 Zi. | 234 S Patencio Road | Tel. 1760 3 27 03 04 | www.coyoteinn.net | €€–€€€*

PALM MOUNTAIN RESORT
Einfaches Mittelklassehotel mit Pool, ideale Lage im Zentrum. *118 Zi. | 155 S Belardo Road | Tel. 1760 3 25 13 01 | www.palmmountainresort.com* | €–€€

Die spektakulärsten Gesteinsformen des Joshua Tree National Park sind die Giant Marbles

AUSKUNFT

PALM SPRINGS VISITORS CENTER
2901 N Palm Canyon Drive | Tel. 1760 7 78 84 18 | www.visitpalmsprings.com

ZIEL IN DER UMGEBUNG

JOSHUA TREE NATIONAL PARK ★ ●
(141 D–E 4–5) (*M G–H11*)
Kakteen und Kojoten prägen diesen schon 1936 geschaffenen Wüstenpark an der Schnittstelle von Mojave und Colorado Desert. Im Hochland des 3000 km² großen Schutzgebiets nahe dem Highway 62 gedeihen ganze Wälder von bis zu 15 m hohen *Joshua trees,* einer Yucca-Art. Schön zum Wandern: *Hidden Valley* und *Indian Cove.* Schönste Zeiten: März/April für die Wüstenblüte und der Spätherbst. Für eine wunderbar skurrile Nacht in der Wüste können Sie in INSIDER TIPP *Hicksville (Joshua Tree | www.hicksville.com* | €–€€) in einem von zehn renovierten Retro-Wohnwagen schlafen.

SAN DIEGO

(140 C6) (*M F12*) **Die Meteorologen zählen hier mehr als 300 Sonnentage pro Jahr. San Diego pflegt seinen Ruf als Inbegriff des entspannten kalifornischen Lebensstils mit einem hohen Freizeitwert dank vieler Wasser- und sonstiger Sportmöglichkeiten.**
Die Metropole (gut 3,3 Mio. Ew.) ist der Geburtsort des heutigen Kaliforniens. 1769 gründeten die Spanier hier an einem großen Naturhafen ein Fort und die *Mission San Diego de Alcalá*. Die restaurierten Adobe-Häuser aus der spani-

WOHIN ZUERST?
Bester Startpunkt in San Diego: die fröhlich-bunte **Horton Plaza** in Downtown, von dort aus gelangen Sie gut über den Broadway zum Hafen und zum Flugzeugträger USS Midway, auf der G Street zurück und ins Gaslamp Quarter. Ein Parkhaus nahe Horton Plaza finden Sie in der G Street/3rd Av.; die Innenstadt ist gut zu Fuß zu erlaufen, für alles andere ist ein Auto nötig.

schen Zeit in der Old Town sind als State Park geschützt und zum Teil auch zu besichtigen.
Die Küste des San Diego County ist dank großer Lagunen rund 110 km lang. *Mission Bay*, *Mission Beach*, *Pacific Beach*, *Coronado* – die Liste der von Wasser umrahmten Vororte ist lang. Und überall warten Sandstrände, Surfspots, Fahrradwege, Terrassencafés und viel lockere Lebensfreude. Besonders gut zeigt sich der südkalifornische Lebensstil im nördlichen Vorort *La Jolla,* der auf einer Klippe über dem Pazifik liegt.

SEHENSWERTES

BALBOA PARK
Der Park auf einem Hügel nördlich der Innenstadt wurde bereits 1868 gegründet und war 1915/16 Schauplatz der großen Panama-Pacific Exposition, einer Weltausstellung aus Anlass der Eröffnung des Panamakanals. In den Bauten von damals sind heute rund ein Dutzend Museen, ein botanischer Garten und der San Diego Zoo untergebracht.

CABRILLO NATIONAL MONUMENT
Von der Landzunge weit im Westen bietet sich ein grandioser Blick über Bucht und Stadt. Im *Visitor Center* illustrieren Ausstellungen die frühe Geschichte Kaliforniens. *Tgl. 9–17 Uhr | Eintritt 10 $ je Fahrzeug | Point Loma*

GASLAMP QUARTER
Restaurierte viktorianische Häuser mit Kunstgalerien und Antiquitätenläden, modischen Geschäften und beliebten Bars. Der historische Distrikt, ursprünglich *New Town* genannt, wurde 1857 von Alonzo Horton angelegt, der die Stadt näher ans Meer rücken wollte. *Zwischen Broadway und K Street*

MUSEUM OF CONTEMPORARY ART
Minimalismus, Pop-Art, kalifornische Kunst: In einem Neubau mit Meerblick in La Jolla und in der Innenstadt zeigt das Museum seine großartige Sammlung. *Do–Di 11–17 Uhr | Eintritt 10 $ | 700 Prospect Street | La Jolla | www.mcasd.org*

SAN DIEGO ZOO ★
Der Zoo ist einer der größten und besten Tiergärten der Welt mit rund 4000 Tieren, darunter viele seltene Arten wie Gorillas und andere Primaten. Bekannt auch für Zuchterfolge etwa bei Tigern oder seltenen Pandas. Beispielhaft ist die artgerechte Umgebung: In bislang einem Dutzend Biosphären wird versucht, der natürlichen Umwelt der Tiere nahezukommen. Die großen Entfernungen können Sie per Seilbahn und Bus (Rundfahrten) bewältigen. *Tgl. 9–18 Uhr, im Sommer länger | Eintritt 52 $ | Balboa Park | www.sandiegozoo.org*

SEA WORLD ★
Ein gigantisches Ozeanarium auf gut 600 000 m² Fläche mit Eisbären, Hunderten von Pinguinen, Haien und einem nachgebauten Korallenriff. Stündliche, allerdings bei Tierschützern umstritte-

ne Shows mit Orcawalen, Seelöwen und springenden Delphinen. *Im Sommer 9–23, sonst 10–17 Uhr | Eintritt 93 $, oft günstige Internetangebote | Pacific Beach | www.seaworld.com*

USS MIDWAY

Martialisch und gigantisch: Der rund 300 m lange Flugzeugträger mit seinem weit auskragenden Flugdeck beeindruckt, selbst wenn er im Ruhestand ist. Mit Museum und Führungen. *Tgl. 10–17 Uhr | Eintritt 20 $ | Navy Pier | 910 N Harbor Drive | www.midway.org*

ESSEN & TRINKEN

BLIND BURRO

Schickes Terrassenlokal im Szeneviertel East Village. Gekocht wird modern-mexikanisch: Quinoa-Salat, Hummer-Tacos.*639 J Street | Tel. 1619 7 95 78 80 | €€*

CASA DE REYES

Mitten im Touristenviertel der Old Town, aber mit sehr leckeren mexikanischen Spezialitäten, guten Margaritas und schattiger Terrasse. *2754 Calhoun Street | Tel. 1619 2 20 50 40 | €–€€*

INSIDER TIPP CORVETTE

Herrlich schrilles Retrolokal mit aufgedonnerten Bedienungen. *2965 Historic Decatur Road | Tel. 1619 5 42 14 76 | €–€€*

GEORGE'S AT THE COVE

Edles Fischrestaurant mit bestem Pazifikblick. Unbedingt reservieren! Zwangloser geht's im Café und *The Terrace* zu. *1250 Prospect Street | La Jolla | Tel. 1858 4 54 42 44 | €€€*

TOP OF THE MARKET

Genießen Sie Fischgerichte aus aller Welt mit Blick auf den Hafen; legerer ist der

Traumstadt am Wasser: San Diego, die drittgrößte Metropole Kaliforniens

Viele Einzelgeschäfte und eklektische Architektur: Open-Air-Shopping im Horton Plaza

fish market im Untergeschoss. *750 N Harbor Drive | Tel. 1619 2 32 34 74 | Restaurant* €€€ | *Fish Market* €

EINKAUFEN

BAZAAR DEL MUNDO

Geschäfte mit Importen aus Mexiko und Südamerika. *Old Town State Park | zwischen Calhoun, Juan, Wallace und Mason Street*

CARLSBAD PREMIUM OUTLETS

Knapp 100 Discountläden in einem mediterran gestylten „Dorf": Guess, Hilfiger, Gap, Puma, Ralph Lauren und viele mehr. *Mo–Sa 10–21, So 10–19 Uhr | 5620 Paseo Del Norte | Carlsbad*

HORTON PLAZA

Das Wahrzeichen der Innenstadt von San Diego: ein kunterbunt in vielen Architekturstilen zusammengewürfeltes Shoppingcenter mit viel Californiaflair. Es erwarten Sie rund 150 Geschäfte, dazu Kaufhäuser, Cafés und Kinos. Beliebt als Treff sind auch die vielen dortigen Restaurants im obersten Stock.

SPORT & STRÄNDE

Silver Strand State Beach und *Coronado Beach (Coronado), Mission Beach, Tourmaline Surfing Park* und *La Jolla Cove (La Jolla)* sowie *Torrey Pines State Beach* in Del Mar gehören zu den schönsten Stränden.

RADFAHREN/ROLLERBLADING

Verleih bei *Bikes and Beyond (Coronado Ferry Landing | Tel. 1619 4 35 71 80)* und *Cheap Rentals (3689 Mission Blvd. | Tel. 1858 4 88 90 70)*.

WALE BEOBACHTEN

Im Frühjahr kommen die Wale aus ihren Paarungsgründen vor Baja California. Touren und Hafenrundfahrt: *Hornblower Cruises (Tel. 1888 4 67 62 56)*.

ÜBERNACHTEN

HOTEL DEL CORONADO

1888 entstand mit dem „Del" das erste Ferienhotel Südkaliforniens für wohlhabende Gäste. Das Haus war Schauplatz der Monroe-Komödie „Manche mögen's heiß". Das Hotel besitzt eine der reizvollsten Bars in ganz Kalifornien – *Babcock & Story*, benannt nach den beiden Hotelgründern. Täglich Führungen zur Hotelgeschichte mit zahlreichen Anekdoten über die Dreharbeiten. *757 Zi. | 1500 Orange Av. | Coronado | Tel. 1619 4 35 66 11 | www.hoteldel.com |* €€€

HUMPHREY'S HALF MOON INN

Elegantes Resort mit tropischen Gärten und eigenem Yachthafen, gutes Restaurant. 182 große Suitezimmer. *2303 Shelter Island Drive | Tel. 1619 2 24 34 11 | www.halfmooninn.com |* €€–€€€

INSIDER TIPP LA PENSIONE

Freundliches, kleines Hotel am Nordende der Innenstadt im Viertel Little Italy. Saubere Zimmer mit Kochecke. *68 Zi. | 606 W Date Street | Tel. 1619 2 36 80 00 | www.lapensionehotel.com |* €

AUSKUNFT

SAN DIEGO VISITORS BUREAU

996-B N Harbor Drive | Tel. 1619 2 36 12 42 | www.sandiego.org

ZIELE IN DER UMGEBUNG

BAJA CALIFORNIA (140 C6) (*F13*)

Ein Abstecher nach Mexiko (20 km südlich von San Diego, auch mit der Straßenbahn erreichbar) führt ins lebendige Touristenmekka *Tijuana* (1,7 Mio. Ew.) und in einsame, wilde Wüstenlandstriche. Doch Achtung: Drogenkriege und Überfälle haben zeitweilig mexikanische Grenzstädte wie Tijuana für Touristen gefährlich gemacht. Für Mietwagen bestehen oft Versicherungsbeschränkungen.

SAN DIEGO SAFARI PARK (140 C6) (*F12*)

Freigehege mit 450 bedrohten Tierarten in einer künstlich angelegten Steppe mit Sümpfen sowie einem Regenwald. *Tgl. 9–19 Uhr, im Winter kürzer | Eintritt 52 $ | 15500 San Pasqual Valley Road | Escondido | 45 km von San Diego*

LOW BUDG€T

Hotels in Palm Springs sind im Sommer bis zu 50 Prozent billiger, da die Hitze viele Amerikaner vom Besuch abhält.

Mexikanische Kost ist in Kalifornien immer noch am billigsten. Und die besten Tacos gibt es bei der Kette *Rubio's (www.rubios.com)* überall in Südkalifornien. Tipp: *fish tacos* mit Salat und Salsa – sehr lecker!

Die *Go San Diego Card* erscheint auf den ersten Blick nicht preiswert: 1 Tag kostet 89 $, 3 Tage 199 $, 7 Tage 279 $. Doch dafür gibt es Hafenrundfahrten, freie Besichtigung aller Museen der Stadt, des *San Diego Zoo* sowie auch des Flugzeugträgers *Midway*. *www.smartdestinations.com*

Wer in alle großen Themenparks will, spart mit dem *Citypass Southern California*: Die beiden *Disneyparks, Sea World* und *Legoland* sind für 353 $ zu besuchen – immerhin ca. 100 $ günstiger. *www.citypass.com*

ERLEBNISTOUREN

1 KALIFORNIEN PERFEKT IM ÜBERBLICK

START: 1 San Francisco **ZIEL:** 1 San Francisco	**16 Tage** reine Fahrzeit 50 Stunden
Strecke: **3000 km**	

KOSTEN: Benzinkosten insgesamt ca. 240 $, Radmiete Santa Barbara 36–55 $ pro Tag, Rafting 75–150 $, Nationalparkpass 80 $
MITNEHMEN: Wanderschuhe, Badesachen, Sonnenschutz

ACHTUNG: Im Winterhalbjahr muss man den Tioga Pass über Lake Tahoe umfahren. Oft ist der Hwy. 1 wegen Bauarbeiten gesperrt.

Für Einsteiger eine ideale Route, die Kalifornien in all seinen Facetten zeigt. Die schönsten Küstenstrecken am Pazifik gehören dazu, aber auch Wüsten, Gebirge

Sie wollen die einzigartigen Besonderheiten dieser Region entdecken? Dann sind die Erlebnistouren genau das Richtige für Sie – tolle Tipps für lohnende Stopps, atemberaubende Orte, ausgewählte Restaurants oder typische Aktivitäten. Noch einfacher wird es mit der Touren-App: Laden Sie sich die Tour mit Karte und Tourenverlauf über den QR-Code auf Seite 2/3 oder über die Webadresse in der Fußzeile auf Ihr Smartphone – damit haben Sie auch offline immer die perfekte Orientierung.

TOUREN-APP

→ S. 2/3

und Weingärten im Hinterland. Nicht fehlen dürfen natürlich die beiden spannenden Metropolen San Francisco und Los Angeles – und einige Badestopps in den coolen kalifornischen *beachtowns*.

Nehmen Sie sich zunächst in **1 San Francisco → S. 32** zwei Tage Zeit: zum Cable-Car-Fahren, Bummeln in Chinatown und an Fisherman's Wharf, für Alcatraz und eine Hafenrundfahrt. Dann geht's los: **Auf der US 101** ins Silicon Valley → S. 43 und von San Jose **auf dem Highway 17 in Richtung** Santa Cruz, Surfer- und Studentenstadt. Kurz

TAG 1–2

1 San Francisco

TAG 3

170 km

Bild: Zabriskie Point im Death Valley

2 Henry Cowell State Park

75 km

3 Monterey

TAG 4–5

davor führt Sie ein kleiner Schlenker in den **2 Henry Cowell State Park**, wo Sie auf einem halbstündigen Weg unter turmhohen Redwoodbäumen spazieren können. Auf dem **Highway 1 weiter nach Süden** entlang der dünengesäumten Monterey Bay gelangen Sie in die alte Hafenstadt **3 Monterey** → S. 62, berühmt für ihr großartiges Aquarium. Nicht verpassen: eine Fahrt an der Küste nach Pacific Grove bis zum Leuchtturm am Point Pinos und ein Strandspaziergang im Künstlerort **Carmel** → S. 62.

Danach folgt um **Big Sur** der schönste Abschnitt des legendären **Highway 1** → S. 60. Auf hohen Klippen und durch duftende Täler kurven Sie auf der schmalen Panoramaroute die Pazifikküste entlang. Augen auf: Bei **Cambria** liegen oft See-Elefanten am Strand. Die frühe Missionsstadt ❹ **San Luis Obispo → S. 66** bezaubert heute mit ihrem kleinen, feinen Weingebiet Edna Valley – Verkostung und Picknick z. B. in der **Baileyana Winery → S. 67**. Weite Strände und hohe Dünen locken im Vorort **Pismo Beach**. Teils sind die Sandberge Naturschutzgebiet, teils darf man sogar mit dem Auto am Strand fahren. Danach gibt's frisches Meeresgetier im rustikalen Lokal INSIDER TIPP **Cracked Crab** *(751 Price Street | Tel. 0805 7732722 | €€)*.

Weiter auf dem Highway 101: Legen Sie in ❺ **Santa Barbara → S. 68** einen Tag zum Sonnen und Surfen ein oder unternehmen Sie eine Radtour zur spanischen Mission, die der Stadt den Namen gab. **Erst folgt der Highway 101** noch der Küste, dann führt er stracks hinein in den Siedlungsteppich von ❻ **Los Angeles → S. 74**. Zwei Tage sollten Sie hier einplanen: einen für die Suche nach den VIPs von **Santa Monica → S. 80**, **Beverly Hills → S. 76** und **Hollywood → S. 78**, einen für die Phantasiewelten von **Universal Studios → S. 80** oder **Disneyland → S. 88**.

Zehnspurig geht es **quer durch L. A. auf der I-10 und I-15 und dann ostwärts** in die Wüste. ❼ **Barstow** mit einigen guten *outlet malls* bläst noch zum Angriff auf Ihre Kreditkarte, dann wird es öde – und heißer. Wildwestfans dürfen in der Touristengeisterstadt ❽ **Calico** *(tgl. 9–17 Uhr | Eintritt 8 $)* an der I-15 Gold waschen. In **Baker** könnten Sie gut zur Tour 4 wechseln für einen Schlenker in die Glitzerstadt Las Vegas → S. 109. Unsere Route führt aber direkt **von Baker über die Highways 127 und 178 gen Norden:** in die steinige Einsamkeit des ❾ **Death Valley → S. 90**. Die schönsten Stimmungen über den Salzseen, Dünen und vielfarbigen Erosionstälern herrschen zu Sonnenuntergang oder im Morgenlicht. Und Vorsicht: Nur morgens, wenn es kühler ist, sind auch Wanderungen machbar.

Jenseits des gewaltigen Grabenbruchs des Tals des Todes klettert der **Highway 190 ins Owens Valley.** Hier verläuft vor dem steil aufragenden Felswall der Sierra Nevada die **US 395 nach Norden**. Bei Lone Pine werden Sie auf der ❿ **Movie Road** nordwestlich des Städtchens vielleicht die bizarren Sandsteinfelsen wiedererkennen: Viele frühe Westernfilme wurden in den Alabama Hills gedreht. Am ⓫ **Mono Lake → S. 73 weiter nördlich an der US 395** erwarten Sie bizarre Tuffsäulen, ein Bad im salzigen Wasser

TAG 12

220 km

⑫ Yosemite National Park

TAG 13–14

110 km

⑬ Gold Country

275 km

⑭ Lake Tahoe

TAG 15–16

200 km

⑮ Sacramento

100 km

⑯ Napa Valley

90 km

① San Francisco

am Navy Beach, die seit 1942 verlassene Silbergräberstadt **Bodie → S. 73** und eine Übernachtung in **Lee Vining**. Der **Highway 120** führt dann ins berühmteste Schutzgebiet Kaliforniens, den ⑫ **Yosemite National Park → S. 71**, dessen spektakuläre Gletschertäler und Wasserfälle Sie auf zahlreichen Wanderwegen entdecken können. Im Winterhalbjahr umfahren Sie den Tioga Pass über den Lake Tahoe.

Ins Reich der Goldgräber: **auf dem Highway 49** geht es durch das ⑬ **Gold Country → S. 58** nach Norden: Wildweststädte wie **Jamestown** mit seinem Dampflokmuseum oder das denkmalgeschützte Städtchen **Columbia** bieten hier beste Fotomotive. In **Placerville** können Sie einen Tag für eine erfrischende Raftingtour auf dem legendären American River einplanen, z. B. mit American Whitewater Expeditions → S. 115. Der **Highway 50 führt hinauf** zum ⑭ **Lake Tahoe → S. 63**, dem größten Bergsee Nordamerikas. Neben Wanderwegen und idyllischer Natur locken hier an der Grenze zu Nevada auch neonbunte Spielcasinos. **Westwärts auf der I-80** kommen Sie bald in die Hauptstadt Kaliforniens: ⑮ **Sacramento → S. 64** mit seiner hübschen Wildwestaltstadt am Fluss. Tipp: An Wochenenden bietet das **Railroad Museum** nostalgische Fahrten mit Dampfeisenbahnen an. Es folgt ein letzter, genussvoller Abstecher: **Über I-80 und Highway 12** gelangen Sie ins ⑯ **Napa Valley → S. 52**, wo am **Highway 29** die Edelweingüter zu einer Weinprobe laden. Danach geht es **über SR 12, 121, 37 und US 101 wieder zurück** nach ① **San Francisco** – natürlich stilvoll über die Golden Gate Bridge.

2 REVIER FÜR ENTDECKER: DER RAUE NORDEN

START: ① San Francisco **ZIEL:** ① San Francisco	**7 Tage** reine Fahrzeit 30 Stunden
Strecke: **1800 km**	

KOSTEN: Benzinkosten ca. 140 $
MITNEHMEN: Regenjacke, Wanderschuhe und Pullover

ACHTUNG: Im Juli und August herrscht an der Küste oft Nebel, die bessere Reisezeit sind Frühjahr und Herbst.

Fort Ross: Siedlung russischer Pelzhändler

Eine Reise in das unbekannte, urwüchsige Kalifornien im Norden: Von San Francisco aus führt diese Route entlang der immer wilderen Pazifikküste nordwärts zu gigantischen Redwoodbäumen und schneebedeckten Vulkankegeln im Landesinneren. Bei der Rückreise nach Süden erwartet Sie dann als Belohnung die liebliche Welt des kalifornischen Weins.

Von ❶ **San Francisco** → S. 32 aus führt nur ein Weg **nach Norden: über die Golden Gate Bridge.** Dahinter **biegen Sie auf den Highway 1 ab,** der bei Bodega Bay die windumtosten Klippen von ❷ **Point Reyes** → S. 54 und die **Sonoma Coast** → S. 55 erreicht. Eine noch unberührte Urwelt mit Wanderwegen und einsamen Stränden. Von hier folgt die Route der zerklüfteten Pazifikküste gen Norden. Sehenswert: das nachgebaute ❸ **Fort Ross** im gleichnamigen State Park, wo 1812 russische Pelzhändler eine Siedlung errichteten. Kurz danach folgt das baumlose Kap von ❹ **Point Arena** mit dem alten INSIDER TIPP **Leuchtturm** *(7 Zi. | Tel. 1707 8 82 28 09 | www.pointarenalighthouse.com | €€–€€€)* und Wanderwegen zu einsamen Stränden.

TAG 1

❶ San Francisco

100 km

❷ Point Reyes

120 km

❸ Fort Ross

75 km

❹ Point Arena

TAG 2–4

65 km

5 Mendocino

140 km

6 Skunk Train

100 km

7 Humboldt Redwoods State Park

100 km

8 Eureka

230 km

9 Redding

140 km

10 Mount Shasta

TAG 5–7

215 km

11 Lassen Volcanic National Park

400 km

12 Napa Valley

33 km

13 Sonoma

70 km

1 San Francisco

Nächster Stopp am Highway 1: 5 **Mendocino** → S. 49, dessen Holzhäuser aus dem 19. Jh. die Kulisse für den James-Dean-Film „Jenseits von Eden" boten. Heute ist das Künstlerstädtchen für seine feinen Restaurants bekannt. Im benachbarten **Fort Bragg** lohnt sich ein Ausflug mit dem dampfgetriebenen 6 **Skunk Train** → S. 49 **durch die Redwoodwälder nach Willits**. Kurze Zeit später zwingt die Undurchdringlichkeit der Lost Coast den Highway 1 zurück auf den **Highway 101** und führt hinter Garberville zur **Avenue of the Giants** → S. 45, die zusammen mit den riesigen, an die 100 m hohen Bäumen des 7 **Humboldt Redwoods State Park** → S. 45 ein beeindruckendes Naturschauspiel bietet. Kurz nach Rio Dell sollten Sie noch einen Halt im viktorianischen Städtchen **Ferndale** → S. 47 einplanen. Dann geht es mit einer Übernachtung in 8 **Eureka** → S. 44, dem wichtigsten Ort der Nordküste, auf dem **Highway 299** über die Küstenberge und den alten Goldgräberort **Weaverville** landeinwärts nach 9 **Redding** → S. 52, wo der Bummel über die **Sundial Bridge** nicht nur für Architekturfans hohen Erlebniswert hat. Schnell bringt Sie die **I-5 nordwärts** zum 4317 m hohen Vulkangipfel des 10 **Mount Shasta** → S. 50 und dem gemütlichen, gleichnamigen Örtchen zu seinen Füßen, wo Sie in den kleinen Cafés am Mount Shasta Blvd. wunderbar einen Nachmittag verbringen können.

Der **Highway 89** schlängelt sich von Mount Shasta aus durch dichte Wälder in die Berge der Cascade-Kette und steuert schließlich den 11 **Lassen Volcanic National Park** → S. 48 an. Bizarres schwarzes Basaltgestein, umgeben von brodelnden Thermal- und Schwefelquellen, erinnert daran, dass unser Planet noch immer nicht zur Ruhe gekommen ist. Zum Glück sind die Wandertrails im Thermalgebiet von **Bumpass Hell** gut ausgeschildert und sicher. Über den **Highway 36 und I-5** geht es nach Süden und über Williams und Clearlake auf den **Highways 20, 53 und 29** weiter ins bedeutendste Weintal der Vereinigten Staaten – 12 **Napa Valley** → S. 52, Zentrum des Spitzenweinanbaus in Kalifornien. Der **Highway 29** bildet zwischen **Calistoga**, einem 1859 gegründeten Kurbad mit heißen Quellen, und **Napa** die Paradeweinstraße. Von dort geht es über den **Highway 12** weiter zum hübschen Weinort 13 **Sonoma** → S. 54, wo Sie auf dem historischen Marktplatz wunderbar im Café sitzen und in Weinläden nach einem flüssigen Souvenir stöbern können. Danach ist es über die **Highways 121, 37 und 101** nur noch eine Stunde Fahrt zurück nach 1 **San Francisco**.

3 VORNE SURFSPASS, HINTEN SAND: DER HEISSE SÜDEN

START: ❶ Los Angeles
ZIEL: ❶ Los Angeles

Strecke:
1000 km

6 Tage
reine Fahrzeit
15 Stunden

KOSTEN: Benzinkosten 80 $, Surfbrettmiete 40 $, Gondelfahrt in Palm Springs 26 $
MITNEHMEN: Badesachen, Sonnencreme

ACHTUNG: Im Juni, wenn sich das Binnenland aufheizt, herrscht entlang der Küste Südkaliforniens häufig Nebel.

Diese Tour führt zunächst die Surfstrände Südkaliforniens entlang bis San Diego, einer Metropole, die mit lockerem Urlaubsflair begeistert. Danach geht es in die sonnendurchglühte Anza-Borrego-Wüste und ins Coachella Valley mit seinem beliebten Kurort Palm Springs. Noch eine Wanderung im Joshua Tree National Park, dann ist man zurück in L. A. Eine gute Route auch für das Winterhalbjahr.

Wenn Sie aus dem Dickicht der Autobahnen von ❶ **Los Angeles** → S. 74 herausgefunden haben, geht es auf der **I-5 nach Süden und vor Santa Ana über I-22 und I-39 Richtung Westen** bis zum Treffpunkt aller kalifornischen Surfer: ❷ **Huntington Beach** → S. 93. Gleich nebenan im eleganten **Newport Beach** liegen im Yachthafen bis zu 10 000 Boote vertäut vor Anker.

Der **Highway 1**, der Pacific Coast Highway, folgt nun der von Sandsteinklippen gesäumten Küste bis nach ❸ **Lagu-**

TAG 1

❶ Los Angeles

80 km

❷ Huntington Beach

27 km

❸ Laguna Beach

Die wohlhabende Laguna Beach zieht Strand- und Kunstliebhaber an

TAG 2–3

20 km

4 San Juan Capistrano

50 km

5 Carlsbad

65 km

6 San Diego

TAG 4–5

140 km

7 Anza Borrego Desert State Park

145 km

na Beach → S. 92, das eine gelungene Mischung aus Galerien, Restaurants, Boutiquen und Hotels besitzt. Eine Viertelstunde Fahrt **weiter südlich liegt der Hafen von Dana Point, wo die Del Obispo Street landeinwärts** nach **4 San Juan Capistrano** → S. 93 abzweigt. Unbedingt sehenswert: die bereits 1776 gegründete Mission. Von hier bringt Sie die **I-5 weiter nach Süden**. Es lohnt sich, bei **5 Carlsbad** *(für Familien: Legoland, für Shopper: outlet mall)* abzubiegen und entlang der Küste weiterzufahren: Elegante Villen und lange Strände reihen sich hier am **Highway 1** bis **La Jolla**, den schicken, auf einer Klippe gelegenen Strandvorort von **6 San Diego** → S. 95. Neben dem Stadtzentrum mit dem witzig gestylten Shoppingcenter Horton Plaza, dem Gaslamp Quarter und dem Balboa Park bietet die Metropole einen der schönsten Zoos der Welt.

Verlassen Sie San Diego auf der **I-8, um auf dem Highway 79 nach Norden und dann auf dem Highway 78** nach Osten den **7 Anza Borrego Desert State Park** zu durchfahren. Dessen Wüsten- und Kakteenlandschaft entlang der Straßen und guten Wanderwege blüht im Frühling durch zahllose Wildblumen wortwörtlich auf. **Über Borrego Springs geht es auf den Highway 86 gen Norden** und durch große Dattelplantagen entlang der **Salton Sea**, einem unwirtlichen Salzsee. **Über den Highway 111** führt die

Tour weiter in das **Coachella Valley**. In dem sonnigen Wüstental mit großen Palmenplantagen drängen sich auf weniger als 50 km^2 mehr als 90 Golfplätze. Auf keinen Fall sollten Sie 8 **The Living Desert** → S. 94 versäumen, einen Natur- und Tierpark, der das Wüstenleben anschaulich erklärt. Ebenso wenig in 9 **Palm Springs** → S. 93 die Aussicht vom Gipfel des **Mount San Jacinto**, per Seilbahn mit rotierenden Gondeln in 20 Minuten zu erreichen. Den Kontrast zum Naturprogramm bildet die zum Flanieren sehr nette Shoppingmeile **Palm Canyon Drive** (donnerstags INSIDER TIPP *Villagefest* mit Markt und Livemusik).

Via I-10 fahren Sie gen Osten zur Cottonwood Springs Road, über die Sie Richtung Norden die Wüste und den Südeingang des 10 **Joshua Tree National Park** → S. 95 erreichen. Am **Ocotillo Patch** und dem **Cholla Cactus Garden** vorbei folgen Sie dann der **Pinto Basin Road und dem Park Boulevard** in den westlichen, höher gelegenen Teil des Parks, wo über 12 m große Yuccapflanzen wachsen. Von **Keys View** ergibt sich noch einmal ein weiter Blick über das Coachella Valley bis hin zu den San Jacinto Mountains. Die **Quail Springs Road** führt beim Örtchen Joshua Tree wieder aus dem 2400 km^2 großen Parkgelände heraus. **Highway 62 und I-10** bringen Sie auf schnellstem Weg zurück in die Zivilisation und zu einer der größten *outlet malls* Kaliforniens, den 11 **Cabazon Outlets**. Je nach Tageszeit und Verkehr sind es danach noch 1,5 bis 2 Stunden Autobahnfahrt auf der **I-10 zurück** nach 1 **Los Angeles**.

8 The Living Desert
20 km
9 Palm Springs
TAG 6
140 km
10 Joshua Tree National Park
150 km
11 Cabazon Outlets
150 km
1 Los Angeles

4 IN DIE WÜSTE: LAS VEGAS UND DAS TAL DES TODES

START: 1 Los Angeles ZIEL: 1 Los Angeles	6 Tage reine Fahrzeit 22 Stunden
Strecke: 1400 km	

KOSTEN: Benzinkosten 110 $, Show in Las Vegas 80–150 $
MITNEHMEN: Sonnencreme, Wanderschuhe, Kühlbox und Getränke

ACHTUNG: Im Sommer ist Hitze im Death Valley extrem.
Ideal ist die Route daher für Herbst, Winter oder Frühjahr. Sonntags bis donnerstags sind die Hotels in Las Vegas viel günstiger als am Wochenende.

Die Tour ist ein echtes kalifornisches Wüstenerlebnis ins heiße, zu Recht berüchtigte Death Valley mit einem Abstecher in die Neonmetropole Las Vegas. Auch sehr gut als Verlängerung mit einer der anderen Touren kombinierbar.

TAG 1

1 Los Angeles

125 km

2 Joshua Tree National Park

TAG 2

125 km

3 Amboy

50 km

4 Mojave National Preserve

165 km

5 Las Vegas

TAG 3–4

Von 1 **Los Angeles** → S. 74 aus bringt Sie die **I-10** schnell in die Wüste. Schnell aber nur, wenn Sie den Verlockungen der zahllosen Outlet-Läden von **Cabazon** widerstehen. Kurz danach führt die **SR 62 nach Norden** ins Hochland des 2 **Joshua Tree National Park** → S. 95, wo Sie auch übernachten sollten (hier kann man gut von Tour 3 aus anschließen). Im April, wenn die Kakteen blühen, ist eine Wanderung im Park, z. B. im Hidden Valley, besonders schön. Nun wird es einsam: Vom Ostrand des Wüstenorts **Twentynine Palms** aus folgen Sie der **Amboy Road** über karge Bergzüge und einen meist ausgetrockneten Salzsee nach 3 **Amboy**. Das Drei-Häuser-Kaff ist einer der letzten ursprünglichen Orte an der legendären **Route 66**. Vor dem Werbeschild für **Roy's Cafe** müssen Sie ein Souvenirfoto schießen, drinnen gibt es die zugehörigen T-Shirts und kalte Dosencola. **In Amboy geht es rechts gen Osten und an der nächsten, der Kelbaker Road, links** in die 4 **Mojave National Preserve** → S. 92 zum Örtchen **Kelso**, wo im alten Bahnhof das Visitor Center für den Nationalpark untergebracht ist. Die **Morning Star Mine Road führt ostwärts zur I-15**, auf der Sie schnell in den Nachbarstaat Nevada und nach 5 **Las Vegas** kommen.

Zwei Tage (und vor allem drei Nächte) verdient die Spielerstadt allemal – für tolle Shows und Abende am Blackjacktisch, für innovative Restaurants oder dekadentes Relaxen am Pool eines (oft verblüffend preiswerten) Kasinohotels am **Las Vegas Boulevard**, dem berühmten „Strip". Im **Venetian**-Kasino fahren Gondeln wie in Venedig, das **Paris** lädt zur Fahrt auf den nachgebauten Eiffelturm, vor dem **Bellagio** tanzen Wasserfontänen zur Musik, im ultraschicken **Cosmopolitan** schmückt ein gigantischer Kristalllüster die Lobby, das **Caesars Palace** gibt sich nobel-römisch und das **Luxor** mit seiner riesigen Pyramide ganz ägyptisch – inklusive Sphinx-Nachbau. Nicht zu vergessen: die alte **Downtown**, wo jede Nacht kostenlos auf einer gigantischen Lichterkuppel über der **Fremont Street** Lightshows stattfinden.

Welcome to fabulous Las Vegas!

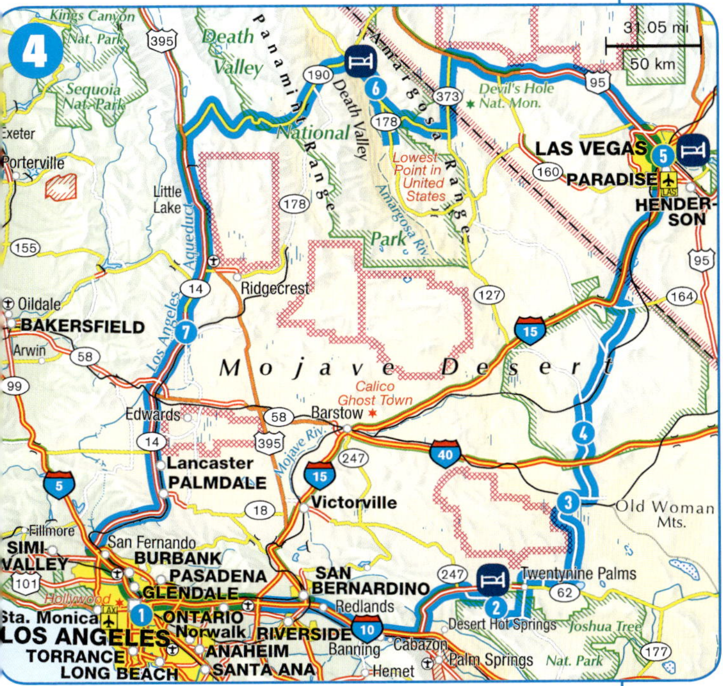

Nach durchzockter Nacht geht es auf dem **Highway 95 nach Norden**: vorüber an ehemaligen Atomtestmilitärgebieten bis zur Fast-Geisterstadt **Amargosa Valley und von dort über die Highways 373, 127 und 190** hinein ins **6 Death Valley** **→ S. 90**. Von **Furnace Creek** im Herzen des Tals aus müssen Sie unbedingt bis **Badwater** fahren – denn hier liegt in einem bizarren, meist ausgetrockneten Salzsee der INSIDER TIPP tiefste Punkt der westlichen Hemisphäre. Vorüber an den mächtigen Sanddünen von **Stovepipe Wells** führt die Route dann auf dem **Highway 190** die Westflanke des Tals hinauf und weiter ins **Owens Valley** am Rand der Sierra Nevada. Dort verläuft die **US 395** vor der dramatischen Kulisse meist schneebedeckter Gipfel nach Süden zum **Highway 14, der zur Kleinstadt Mojave hin abzweigt.** Der **7 Red Rock Canyon** bietet zum Abschied aus der Wüste noch gute Kurzwanderungen, den Hagen Trail etwa oder den Red Cliffs Trail. Von Mojave aus geht es auf **Highway 14 und I-5** in einem halben Tag zurück nach **1 Los Angeles**.

TAG 5

250 km

6 Death Valley

TAG 6

400 km

7 Red Rock Canyon

230 km

1 Los Angeles

SPORT & WELLNESS

Strände, Berge und Seen, reißende Flüsse, sonnendurchglühte Wüsten und angenehme Temperaturen rund ums Jahr: Kalifornien hat einfach alles. Hinzu kommt eine Bevölkerung, die Fitness und Gesundheit beinahe religiös verehrt und allem Neuen positiv gegenübersteht.

Beide Komponenten zusammen haben den Golden State in ein Freizeitparadies verwandelt, in dem immer wieder neue Trendsportarten entwickelt werden – mit dem einen großen Ziel: *fun and action.* So sind die Flüsse nicht nur zum Bestaunen da, sondern auch für Kajaker und Rafter. Von Bergen und Dünen kann man per Hangglider abheben, von den Küsten aus in faszinierende Unterwasserwelten abtauchen. Gelegenheitssportler werden ebenso fündig werden wie Extremsportler. Denn in Kalifornien lautet das Motto: Schweiß kann fließen, muss aber nicht, Hauptsache, es macht Spaß!

BIKING

Kalifornien hat jedes Terrain im Angebot, von glühend heißer Wüste bis zu sauerstoffarmen Bergpässen, von kurvigen Küsten bis zu Biketouren mitten durch San Francisco. Bike-Vermietungen finden Sie überall in Städten und Ferienorten *(Preise 25–60 $ pro Tag).*

Mountainbiker sind vor allem in *San Francisco* richtig: Am Mount Tamalpais in Marin County wurde ihr dick bereifter Untersatz erfunden, und bis heute ist der 800 m hohe „Mount Tam" ein Mekka der

 Bild: Mountainbiker im Death Valley

Kalifornien setzt die Trends im Sport, Fitness ist eine Religion: ideale Bedingungen für den Aktivurlaub

Bikerszene. Von San Francisco aus können Sie gut Tagestouren zum Berg und den Muir Woods unternehmen. Räder – auch Elektrobikes – sind zu mieten bei *Blazing Saddles (2715 Hyde Street | Tel. 1415 20 88 88 | www.blazingsaddles.com)*. Andere Tummelplätze der *Fat-Tire*-Gemeinde: *Mammoth Lakes* mit dem berühmten *Kamikaze Trail* und die Pässe der *High Sierra*. Bike-Verleih: *Footloose Sports (3043 Main Street | Mammoth Lakes | Tel. 1760 9 34 24 00 | www.footloosesports.com)*.

GOLF

Allein im Umkreis der Golferhochburg *Palm Springs* gibt es über 80 Plätze, im ganzen Staat sind es Hunderte. Für legendäre Courses wie *Pebble Beach* direkt am Pazifik bei Monterey müssen Sie sagenhafte 500 $ Greenfee rechnen, doch auf vielen ebenfalls schönen und weniger bekannten Plätzen liegen die Fees ganz vernünftig zwischen 50 $ und 150 $. Der Hotelconcierge kann Ihnen meist auch kurzfristig *tee-times* besorgen. Weitere Infos finden Sie auch unter: *www.golfcalifornia.com* und *www.centralcoastgolftrail.com*.

HIKING & TREKKING

Kaliforniens wilde Natur bietet Trails für Tageswanderer wie für Extremhiker. Vor allem in den National und State Parks sind die Trails vorbildlich ausgebaut (genaue Karten haben die Visitor Centers). Der berühmteste Fernwanderweg ist der ★ *Pacific Crest Trail,* der von Mexiko bis Kanada dem Grat der Berge folgt. Schön sind auch Teilstücke wie etwa der hochalpine ★ *John Muir Trail* im Yosemite National Park. Andere Trails mit Weitblick: der halbtägige ★ *Lassen Peak Trail* oder die Pfade am ★ *Mount Shasta*. Auskunft: *Pacific Crest Trail Association (1331 Garden Highway | Sacramento | Tel. 1916 2 85 18 46 | www.pcta.org)*.

PARAGLIDING

Nichts ist schöner, als in der lauen Luft Kaliforniens zu schweben – auch für Anfänger kein Problem. Zahlreiche gute Schulen bieten Kurse für Paragliding und Drachenfliegen *(hang gliding)* an. Und ganz ohne Training dürfen Sie einen INSIDER TIPP Tandemflug über die Santa Barbara Mountains genießen. Zu buchen bei: *Fly Above All (2707 De La Vina Street | Santa Barbara | Tel. 1805 9 65 37 33 | www.flyaboveall.com)*. Flüge bei San Francisco organisiert das *Bay Area Hang Gliding (Info-Tel. 1408 65 66 79 | bayareahanggliding.com)*.

Mitten durch die schäumende Gischt: Rafting auf dem Tuolumne River

RAFTING

Wer einmal mit dem Floß durch meterhohe Stromschnellen gefahren ist, weiß von jeder Menge eiskaltem Wasser zwischen Haut und Hemd, von viel Adrenalin und großartigem Teamgeist zu berichten. In Kalifornien bieten über 50 Flüsse den wilden Ritt durch schäumendes H_2O. Bei Raftern besonders beliebt: die Flüsse an der Westflanke der Sierra Nevada, vor allem der *American River* und der *Tuolumne River*.

Den *Upper Klamath River* am Mount Shasta sollten nur erfahrene Wildwasserfans in Angriff nehmen. *American Whitewater Expeditions (Sunland | Tel. 1800 8253205 | www.americanwhitewater.com)* organisiert halb- bis zweitägige Flusstrips auf dem American River. Rafting auf dem *American, Stanislaus* und *Kaweah River* vermittelt *Beyond Limits Adventures (Riverbank | Tel. 1530 6220553 | www.rivertrip.com)*.

REITEN

Vor allem im Norden Kaliforniens laden öfters Schilder am Straßenrand zum *trail riding* ein – auch für ungeübte Reiter. Tagesritte und längere Trecks in die Wildnis der *John Muir* und *Ansel Adams Wilderness* der High Sierra bietet die *High Sierra Pack Station (www.highsierrapackstations.com)*, nur Ausritte in der High Sierra auch *Mammoth Lakes Pack Outfit (Mammoth Lakes | Tel. 0888 4758747 | www.mammothpack.com)*. **INSIDER TIPP** Schöne Ausritte in einem ruhigen Strandpark am Pazifik, dem *Salinas River State Park* etwas nördlich von Monterey, organisiert *Monterey Bay Equestrian (Salinas | Tel. 1831 6635712 | www.montereybayequestrian.com)*.

SKI & SNOWBOARD

Mit durchschnittlich 18 m Schneefall pro Winter kann die Sierra Nevada wohl alle Wintersportler glücklich machen – zumal nach einigen Schneestürmen zu Winteranfang oft lange die Sonne scheint. Die beliebtesten Skigebiete sind *Squaw Valley* und *Heavenly Valley* am Lake Tahoe sowie *Mammoth Mountain* auf der Ostseite der Berge. Detailinfos: *Tel. 1415 3891000 | skicalifornia.org* und *www.skilaketahoe.com*

SURFEN

Surfen ist die kalifornische Sportart schlechthin: auf schlankem Brett elegant hohe Wellenberge hinunterzischen. Die kalifornischen Boys und Girls surfen überall dort, wo die Wellen sich gleichmäßig und der Länge nach brechen. Die bekanntesten Surfstrände Kaliforniens liegen im Süden: *Bolsa Chica State Park, Topanga State Beach,* ● *Huntington Beach, Las Tunas State Beach und Surfrider Beach, Hermosa Beach* und *Manhattan State Beach*. Fast überall können Sie auch Kurse nehmen und Bretter für 25–50 $ pro Tag ausleihen. Weitere Infos unter *www.surfline.com*.

WELLNESS

● Zwar haben die Kalifornier Yoga und Massagen nicht erfunden, doch am Wohlfühltrend der letzten Jahre sind sie führend beteiligt. Mittlerweile hat jedes Resort-Hotel auch ein Spa, in dem mit heißen Steinen massiert, mit Seetang und Wüstenkräutern gewickelt oder mit Ayurveda-Ölen und Yoga entspannt wird. Dazu sind die Hotel-Spas oft in sehenswertem Design in die Landschaft eingebettet, z. B. das *Fairmont Sonoma Mission Inn & Spa* (s. S. 54) mit eigenen Mineralquellen, das *Spa Solage (www.solagecalistoga.com)* im benachbarten Napa Valley mit Vulkanschlammanwendungen oder das ultraluxuriöse *Cal a vie Spa (www.cal-a-vie.com)* in Südkalifornien. Infos: *www.spafinder.com*

MIT KINDERN UNTERWEGS

Amerikaner sind kinderlieb. Die Familie ist ihnen heilig, deswegen nehmen sie sie überall mit hin. Und die Infrastruktur des Lands ist bestens auf diese Zielgruppe eingestellt.

Von den Spielkasinos in der Glitzerstadt Las Vegas einmal abgesehen, sind alle touristisch interessanten Orte auf Kinder vorbereitet. Restaurants winken mit dem *menu for kids* und die Hotels mit *kids stay for free*-Angeboten. Auch Swimmingpools, Kinderprogramme in Nationalparks und Spielplätze in Shopping-Malls machen eine Familienreise zum Vergnügen.

Planen Sie mit Kindern unbedingt mehr Zeit für eine Rundfahrt ein, unterwegs kommt man regelmäßig an Abenteuerschwimmbädern, phantasievoll gestalteten Minigolfanlagen und rekonstruierten Wildweststädtchen vorbei. Das hilft oft, die teils langen Fahrstrecken zu entschärfen. Wenn Sie auf Ihrer Reise etwas Zeit haben, sollten Sie im Schnitt nicht mehr als 150 km pro Tag einplanen.

Und dann sind da natürlich all die berühmten Vergnügungsparks, die nicht nur die Kleinen mit offenem Mund staunen lassen. *Disneyland* lockt ebenso wie *Sea World,* die Achterbahnen von *Knott's Berry Farm* oder *Six Flags Magic Mountain* und die *Universal-Filmstudios*. Kaliforniens Strände sind Tummelplätze für jede Altersgruppe, und auch die Nationalparks versprechen mit Streifenhörnchen auf den Rastplätzen und Camping unterm Sternenzelt unvergessliche Erinnerungen.

 Bild: Badespaß im Laguna Beach

California dreamin' für die Kleinen: Was der Golden State für sie bereithält, werden sie nie vergessen

SAN FRANCISCO

CABLE CAR MUSEUM ● (U E2) (*e2*)
Neben einer lärmenden, ruckelnden Fahrt mit dem Cable Car ist für die Kinder auch das Museum ein echtes Erlebnis: Hier im Betriebszentrum der historischen Zahnradbahn wird die über 140 Jahre alte Technologie auf sehr anschauliche und unterhaltsame Weise erklärt, und man sieht die gewaltigen Kabelrollen, die die Cable Cars antreiben, in Aktion. *April–Okt. tgl. 10–18, sonst tgl. 10–17 Uhr | Eintritt frei | 1201 Mason Street/Washington Street | www.cablecarmuseum.org*

CHILDREN'S CREATIVITY MUSEUM
(U F2) (*f2*)
Silicon Valley für Kids: Musik aufnehmen, Videos drehen, Computerspiele entwerfen, die Hightechstudios hier sind ganz kindgerecht gestaltet und ab 5 Jahre ein spannendes Ferienerlebnis. *Mi–So 10–16 Uhr | Eintritt 12 $ | 221 Fourth Street | www.creativity.org*

DER NORDEN

SIX FLAGS DISCOVERY KINGDOM
(138 A1) (*B7*)

Eine gelungener Mix aus Vergnügungspark und Ozeanarium mit spektakulären Achterbahnen, Seelöwenfütterung, Walrossbegegnung und Haibeobachtung. 50 km nördlich von San Francisco. *Im Sommer tgl. ab 10.30 Uhr | Eintritt 68 $, Kinder 43 $ | Freeway I-80/SR-37 | Vallejo | www.sixflags.com/discoverykingdom*

ZENTRALKALIFORNIEN

GOLD WASCHEN

Für Kids eine spannende Sache: Im *gift shop* von Nevada City (137 D4) (*C6*) oder Sonora (133 E6) (*D7*) wird eine Schürfpfanne gekauft, und dann ab zum nächsten Fluss! Was da nach hinreichendem Schwenken am Boden der Pfanne glänzt, kann durchaus ein Nugget sein. Wer der eigenen Nase nicht traut, mag sich einem professionellen Veranstalter anvertrauen. Er sagt einem, wie es gemacht wird, und hat etliche spannende Geschichten auf Lager. *Gold Prospecting Adventures (Kosten je nach Länge der Tour 30–150 $ | Jamestown | Tel. 1209 9 84 46 53 | www.goldprospecting.com).*

LAKE TAHOE (137 E4–5) (*D6*)

Kaliforniens schönster Bergsee ist ein ideales Aktivrevier mit Kindern. Die Palette reicht von Paddelfahrten im Kanu bis hin zu Wasserskilaufen und Parasailing. Immer ein Hit: Ausfahrten mit dem Schaufelraddampfer *Tahoe Queen*. Über die größte Auswahl an Sportgerät zur Vermietung verfügt die *Zephyr Cove Marina (Tel. 1800 2 38 24 63 | www.zephyrcove.com)*. Wer noch nie mit einem Gummifloß durch Stromschnellen gefahren ist, kann auf dem *Truckee River* erste Erfahrungen sammeln. Der Truckee, eher munter als temperamentvoll, ist ein Raftingrevier für die ganze Familie: *Truckee River Raft Rental (185 River Road | Tahoe City | Tel. 1530 5 83 01 23 | www.truckeeriverraft.com).*

Begegnung im Haibecken des Monterey Bay Aquariums, eines der größten weltweit

MONTEREY BAY AQUARIUM
(138 A3) (*🕮 B8*)
Mit über 350 000 Meeresbewohnern, einem drei Stockwerke hohen Wassertank und einer phantastischen Ausstellung über Tiefseefische eine wahre Unterwassererlebniswelt. Prominenteste Hingucker: Haie, Barrakudas, Riesenseeschildkröten und Seeotter. *Tgl. 9.30–18, im Winter 10–17 Uhr | Eintritt 50 $, Kinder 30 $ | 886 Cannery Row | Monterey | www.montereybayaquarium.org*

SANTA CRUZ BEACH BOARDWALK
(138 A2) (*🕮 B8*)
Ein herrlich altmodischer Vergnügungspark direkt am Strand: hölzerne Achterbahnen von 1911, Karussells, Shoppingarkaden. Nahebei liegt *Neptune's Kingdom*, ein Themenpark mit riesiger Minigolfanlage. *Im Sommer Mo–Fr ab 10, Sa/So ab 9 Uhr | Eintritt frei, Fahrten 4–7 $, | Hwy. 1 | Santa Cruz | www.beachboardwalk.com*

WALBEOBACHTUNG (139 D6) (*🕮 D11*)
Die Nordsüdwanderung der Grauwale findet zwischen Dezember und Mai statt. Beste Beobachtungspunkte an Land sind *Point Reyes National Seashore, Mendocino Headlands State Park, Carmel* und *Santa Barbara*. Die Buckel- und Blauwale wandern von Juni bis November. Auf Bootstouren kann man die sanften Riesen aus nächster Nähe erleben, so ab Santa Barbara mit *Condor Cruises, Sea Landing (im Frühjahr ab 50 $, Kinder 30 $, sonst 99 $, Kinder 50 $ | 301 W Cabrillo Blvd. | Santa Barbara | Tel. 1805 8 82 00 88)*.

LOS ANGELES

PAGE MUSEUM/LA BREA TAR PITS
(142 C3) (*🕮 E11*)
Säbelzahntiger, Ur-Löwen und Mammute ertranken einst im Teersumpf von La Brea – und sind heute lebensgroß zu bestaunen. Im Freigelände finden Sie Rekonstruktionen, im Museum selbst die Skelette. *Tgl. 9.30–17 Uhr | Eintritt 12 $, Kinder 5 $ | 5801 Wilshire Blvd. | www.tarpits.org*

SIX FLAGS MAGIC MOUNTAIN
(140 A–B4) (*🕮 E11*)
Außerhalb, aber für Achterbahn- und Techfans die Anfahrt wert: Die jüngste Erwerbung, *Battle for Metropolis,* ist das heißeste Baby interaktiver 3-D-Technologie. Aber auch andere *rollercoaster* mit Namen wie *Scream, Colossus* oder *Ninja* lassen einem die Haare zu Berge stehen. Nebenan liegt *Hurricane Harbor,* ein tropischer Wasserpark mit zehn Superrutschen. *Im Sommer tgl. ab 10.30 Uhr | Eintritt Magic Mountain 80 $, Kinder 55 $; Hurricane Harbor 43 $, Kinder 35 $ | Valencia | Freeway I-5, Exit Magic Mountain Parkway | www.sixflags.com*

DER SÜDEN

LEGOLAND CALIFORNIA
(140 C5–6) (*🕮 F12*)
Der Bausteinklassiker nun auch in Kalifornien: Hier kann man das *Miniland USA* besuchen oder auf Safari durch den Lego-Dschungel gehen. Ein Superspaß – vor allem für Kleinere. *Tgl. meist 10–20, im Winter Do–Mo 10–17 Uhr | Eintritt 95 $, Kinder 89 $ | Carlsbad | Freeway I-5, Exit Cannon Road | www.legoland.com*

INSIDER TIPP THE NEW CHILDREN'S MUSEUM (140 C6) (*🕮 F12*)
Wie sehen Tiere die Welt, wie macht man Geistermasken? Ein Museum, das Wahrnehmung, Kunst und Kinder verbindet – ein paar Englischkenntnisse helfen. *Mo, Mi–Sa 10–16, So 12–16 Uhr | Eintritt Erw. und Kinder 13 $ | 200 W Island Av. | San Diego | www.thinkplaycreate.org*

EVENTS, FESTE & MEHR

EVENTS & NEWS

→ S. 2/3

„Die Hälfte aller Verrückten lebt in 50 Meilen Umkreis von Los Angeles", stöhnte US-Präsident Harry Truman einmal. Längst nehmen's die Kalifornier als Kompliment. Viele bunte und oft auch verrückte Feste spiegeln das wider.

VERANSTALTUNGEN

JANUAR

Die ***Tournament of Roses Parade*** in Pasadena ist mit ihren Blumenwagenumzügen Kaliforniens schönstes Neujahrsfest; anschließend folgt ein landesweit übertragenes College-Football-Spiel.

FEBRUAR

Die Chinatowns von San Francisco und L. A. feiern das ***chinesische Neujahrsfest*** mit Papierdrachen und Umzügen.

MÄRZ

Snowfest in Tahoe City: Beim größten Winterkarneval Kaliforniens gibt es Schneeskulpturen, Paraden und ein Bad im eisigen Lake Tahoe. *www.tahoesnowfestival.com*

Der ***LA Marathon*** in Los Angeles, begleitet von über 100 Livemusikgruppen an der Strecke, ist der erste große Marathon des Jahres. *www.lamarathon.com*

APRIL

Coachella Valley Music and Arts Festival: größtes Musikhappening Kaliforniens – mitten in der Wüste. *www.coachella.com*

Am ***Earth Day,*** dem 22. April, in vielen Städten Aktionen rund um den Umweltschutz. *www.earthday.org*

Seit gut 100 Jahren reiten Cowboys beim ***Clovis Rodeo*** im Central Valley auf Stieren und Broncos. *www.clovisrodeo.com*

MAI

Am 5. Mai, dem ***Cinco de Mayo***, feiern die mexikanischen Einwanderer ihr kulturelles Erbe – besonders farbenfroh in L. A.

Sacramento Music Festival: Die Downtown und Old Sacramento werden zur Freilichtbühne für Jazz, Blues und Zydeco.

Grand Kinetic Championship: verrücktes Drei-Tage-Rennen mit selbst gebauten und muskelbetriebenen Fahrzeugen an Nordkaliforniens Küste. *kineticgrandchampionship.com*

JUNI

Cotton Candy und ***Country Music:*** Ende des Monats traditioneller Jahrmarkt beim INSIDER TIPP ***San Diego County Fair***

Ende Juni feiern in San Francisco und West Hollywood Schwule und Lesben mit tollen Paraden ihren ★ ***Pride Day***.

Auf Hunderten von Festivals und farbenprächtigen Paraden feiern die Kalifornier ihren Staat – und sich selbst

JULI

Zum ***Independence Day*** (4. Juli) gibt's überall Paraden, Feuerwerk und Musik. Beim ***US Open of Surfing*** in Huntington Beach bei L. A. treten Ende Juli die besten Surfer der Welt an – vor 500 000 Fans. *www.vansusopenofsurfing.com*

AUGUST

Mit Paraden und Kulinarischem würdigt die ***Old Spanish Days Fiesta*** die Gründer von Santa Barbara. *www.oldspanishdays-fiesta.org*
County Fair, ein nostalgischer Jahrmarkt, in Ferndale. *www.humboldtcountyfair.org*

SEPTEMBER

Sausalito Art Festival mit Künstlern aus aller Welt. *www.sausalitoartfestival.org*
Die Creme der internationalen Jazzszene spielt auf dem ***Monterey Jazz Festival.***

OKTOBER

Die Oldtimerfans fahren in San Bernardino zum ***Route 66 Rendezvous*** mit ihren blankpolierten Schlitten vor. *rendezvoustoroute66.com*
Zu ***Halloween*** ziehen die Kids in schrillen Kostümen durch die Nachbarschaft.

DEZEMBER

Lichterglanz in Yachthäfen wie Newport Beach bei den ***Christmas Boat Parades***

FEIERTAGE

1. Januar	New Year's Day
3. Mo im Jan.	Martin Luther King Jr. Day
3. Mo im Feb.	President's Day
31. März	Cesar Chavez Day
4. Mo im Mai	Memorial Day
4. Juli	Independence Day
1. Mo im Sept.	Labor Day
11. Nov.	Veteran's Day
4. Do/Fr im Nov.	Thanksgiving Day & Day after
25. Dez.	Christmas Day

LINKS, BLOGS, APPS & CO.

LINKS & BLOGS

www.santamonica.com, www.santabarbaraca.com Viele kalifornische Fremdenverkehrsämter bieten sehr gute Websites – hier nur zwei Beispiele – mit Videos, Blogs und Apps zum Download. Ein Blick auf die Seite des jeweiligen *visitors bureau* lohnt sich unbedingt, wenn Sie mehrere Tage in einer Stadt planen

www.swellinfo.com Perfekt für Wasserfans: aktuelle Surfreports, englische Foren, Podcasts und Videos aus der Surfszene vor allem in Nordkalifornien. Dazu Kontakte für Unterkünfte und Social Media aus der Surfszene

www.seeing-stars.com Wo essen die Stars, wo wohnen sie, wo wurde wann was gedreht? Antworten auf so ziemlich alle Fragen rund um Hollywood (engl.)

www.yelp.com In San Francisco begann der Siegeszug der Yelper: ganz normalen Menschen, die mal witzige, mal böse Kritiken über Geschäfte, Coffee-Shops und Restaurants verfassen

www.marcopolo.de/kalifornien Ihr Online-Reiseführer mit allen wichtigen Informationen, Highlights und Tipps, interaktivem Routenplaner, spannenden News & Reportagen sowie inspirierenden Fotogalerien

www.sfgate.com Die umfangreiche Website der größten Tageszeitung in San Francisco unterhält zahlreiche Blogs und Social-Media-Kanäle über Kultur und aktuelle Themen der City. Dazu gute Restaurantkritiken und Suchfunktion

www.twitter.com/michaelbauer1 San Franciscos bekannter Restaurantkritiker Michael Bauer testet Restaurantneuheiten und -klassiker

www.laweekly.com, www.sfweekly.com Das Neueste aus L. A. bzw. San Francisco: Stadtszene, Stars, Vernissagen, Restaurants, Modetrends, Musik, Politik – mit zahlreichen Blogs

www.usa-stammtisch.net Privater deutscher Chatraum mit vielen The-

Egal, ob für Ihre Reisevorbereitung oder vor Ort: Diese Adressen bereichern Ihren Urlaub. Da manche sehr lang sind, führt Sie der short.travel-Code direkt auf die beschriebenen Websites. Falls bei der Eingabe der Codes eine Fehlermeldung erscheint, könnte das an Ihren Einstellungen zum anonymen Surfen liegen

men zu den ganzen USA wie auch zu Reisen in Kalifornien. Fotos, Tipps, Erfahrungen, Hilfe bei der Reiseplanung

VIDEOS & MUSIK

travelbydrone.com Die Videosammlung ist allgemein bekannt, doch besonders faszinierend sind hier die vielen grandiosen Drohnenflügen an der Westcoast und auch in den Nationalparks

short.travel/kal1 Eine wahnsinnige Rennfahrt durch San Francisco, Handschweiß garantiert

hbcams.com Mehrere Live-Webcams mit Ansichten vom Huntington Beach Pier – und je nach Wellengang von den Surfern

www.ktvu.com Fernsehstation aus San Francisco mit vielen aktuellen Videoclips. Gut und informativ in den Bereichen Entertainment und Wine-Country, aber auch beim Sport – politisch eher rechts

short.travel/kal2 Coole kleine Werbe-Videos über den Lifestyle am Pazifik

APPS

livenation Ticketzentrale für Konzerttouren großer Stars und Hunderte von Clubs und Konzertbühnen in Kalifornien. Mit iPhone-App und Facebook-Dienst: *www.facebook.com/livenation*

Pocket Ranger I-Phone-App zum Download mit detaillierten Beschreibungen der kalifornischen State Parks und ihrer Wanderwege. Für Android verfügbar unter www.caliparks.org

opentable Sehr nützliche und umfassende Seite für Restaurantreservierungen vor allem in San Francisco und Los Angeles, auch ganz kurzfristig. Dazu Apps für iPhone, Android und Blackberry

Golden Gate Park I-Phone App Pfade, Tiere, Attraktionen – die vielseitige iPhone-App der Academy of Sciences zeigt alles über den Park, sogar in 3-D

mousewait Eine witzige App, die die Wartezeiten vor den Attraktionen in Disneyland anzeigt. Nett auch als Gesprächsthema beim längeren Schlangestehen

PRAKTISCHE HINWEISE

ANREISE

Lufthansa fliegt in Kooperation mit United Airlines täglich nonstop von Frankfurt und München jeweils nach San Francisco und nach Los Angeles. Flugdauer: rund elf Stunden. Preis je nach Saison ca. 700–1700 Euro. Bei den meisten anderen Verbindungen müssen Sie umsteigen.

LOS ANGELES

Flüge aus Europa und von der Ostküste der USA landen auf dem *Los Angeles International Airport (LAX)*. Die Busse der Mietwagenfirmen fahren vor der Gepäckausgabe ab und bringen Sie zu den Anmietstationen außerhalb des Flughafengeländes. Die beste Busverbindung in die Stadt: *Super-Shuttle (www.supershuttle.com)*, deren Kleinbusse als Sammeltaxi zu allen gewünschten Adressen der Stadt fahren. Einstieg: Verkehrsinsel vor dem Gebäude. Hotels in Flughafennähe bieten meist eigene Shuttlebusse. Für eine wegen der weiten Entfernungen teure Taxifahrt vereinbart man am besten einen Festpreis *(flat fee)*. Anhaltspunkt: Ein Taxi nach Hollywood kostet mindestens 60 $.

SAN FRANCISCO

Flüge aus Europa und von der Ostküste landen auf dem *San Francisco International Airport (SFO)*. Wegen der Nähe zur Stadt und der mangelnden (und teuren) Parkmöglichkeiten ist es ratsam, einen Wagen erst anzumieten, wenn man Ausflüge machen oder weiterreisen will. Mehrere Kleinbus-Sammeltaxis wie z. B. *Super-Shuttle (www.supershuttle.com)* fahren an den Verkehrsinseln vor den Terminals ab und steuern für ca. 17–25 $ Fahrpreis jedes gewünschte Ziel im Stadtgebiet an. Das Taxi nach Downtown kostet ca. 40 $, die schnelle U-Bahn-Verbindung mit *Bart (www.bart.gov)* knapp 10 $, ist jedoch wie die Stadtbusse von *SamTrans* etwas umständlich mit Gepäck.

GRÜN & FAIR REISEN

Auf Reisen können auch Sie viel bewirken. Behalten Sie nicht nur die CO_2-Bilanz für Hin- und Rückreise im Hinterkopf *(www.atmosfair.de; de.myclimate.org)* – etwa indem Sie Ihre Route umweltgerecht planen *(www.routerank.com)* – , sondern achten Sie auch Natur und Kultur im Reiseland *(www.gate-tourismus.de; www.ecotrans.de)*. Gerade als Tourist ist es wichtig, auf Aspekte wie Naturschutz *(www.nabu.de; www.wwf.de)*, regionale Produkte, wenig Autofahren, Wassersparen und vieles mehr zu achten. Wenn Sie mehr über ökologischen Tourismus erfahren wollen: europaweit *www.oete.de*; weltweit *www.germanwatch.org*

AUSKUNFT

CALIFORNIA TOURISM

Ein Broschürenpaket mit Karten und weiteren Infos können Sie per Email bestellen unter *infopaket@visitcalifornia.de*.
Weitere gute Detailinfos bieten folgende Websites:
– *www.visitcalifornia.de*
– *www.visittheusa.de*
– *www.vusa.travel*
Selbst in kleineren Orten halten *Visitor*

Von Anreise bis Zoll

Urlaub von Anfang bis Ende: die wichtigsten Adressen und Informationen für Ihre Kalifornienreise

Centers Infomaterial für die Region bereit. Bei der Anreise per Auto geben gut ausgestattete *Welcome Centers* in den Großstädten und nahe der Staatsgrenzen Auskunft. *www.visitcwc.com*

WÄHRUNGSRECHNER

€	USD	USD	€
1	1,05	1	0,95
2	2,10	2	1,90
3	3,15	3	2,85
5	5,25	5	4,75
7	7,35	7	6,65
10	10,50	10	9,50
25	26,25	25	23,75
75	78,76	75	71,25
100	105,00	100	95,00

AUTO

Straßen sind in den USA eingeteilt in *County Routes, State-* und *US-Highways* bis zu *Interstate*-Autobahnen, von denen einige gebührenpflichtig sind. Die Höchstgeschwindigkeiten liegen zwischen 55 Meilen/h (88 km/h) und 70 Meilen/h (112 km/h). Verkehrsregeln und -zeichen in den USA entsprechen weitgehend den deutschen.

Besonderheiten: An Kreuzungen darf man bei Rot rechts abbiegen; der *3-way-* oder *4-way-stop,* eine Kreuzung mit Stoppzeichen aus allen Richtungen, regelt die Vorfahrt nach dem Prinzip: Wer zuerst kommt, fährt zuerst (in der Reihenfolge der Ankunft an der Stopplinie); auf mehrspurigen Straßen ist rechts überholen gestattet; halten Schulbusse am Straßenrand mit rotem Warnblinklicht, muss der Verkehr in beiden Richtungen stoppen.

Bei Pannen kontaktiert man die Vermietfirma. Landkarten und Tipps gibt es bei der *AAA (American Automobile Association).* Für Mitglieder des *ADAC, TCS* und *ÖAMTC* mit Mitgliedsausweis ist der Service *(Tel. 1800 2 22 43 57)* kostenlos.

BARRIEREFREIES REISEN

Dank zahlreicher gesetzlicher Vorgaben ist Kalifornien als Reiseland sehr behindertenfreundlich: Alle Ferienhotels und größeren Motels besitzen behindertengerechte Zimmer, überall gibt es Aufzüge, Rampen für Rollstuhlfahrer, besondere Parkplätze *(handicapped parking)* und in sämtlichen öffentlichen Gebäuden auch behindertengerechte Toiletten. Bei Mietwagenfirmen wie Alamo, Avis oder Hertz kann man Leihwagen mit Handbetrieb reservieren.

CAMPING & JUGENDHERBERGEN

Die schönsten Campingplätze liegen in den State Parks. Reservierungen sind sieben Monate vorab möglich *(Gebühr: 8 $)* über *Reserve America (Tel. 1800 4 44 72 75 | www.reservecalifornia.com)*. Viele Details über die einzelnen Parks sind im Internet auf der Seite des *Department of Parks and Recreation* einzusehen: *www.parks.ca.gov*.

AYH Youth Hostels sollten im Voraus reserviert werden. Die Häuser liegen häufig an ausgesprochen malerischen Orten. Auch für Familien zu empfehlen. Verzeichnis im Buchhandel oder unter *www.hiusa.org*.

DIPLOMATISCHE VERTRETUNGEN

GENERALKONSULAT DER BUNDESREPUBLIK DEUTSCHLAND

– 1960 Jackson Street | San Francisco | Tel. 1415 7 75 10 61

– 6222 Wilshire Blvd. | Suite 500 | Los Angeles | Tel. 1323 9 30 27 03 | www.germany.info

SCHWEIZER GENERALKONSULAT

– Pier 17 | Suite 600 | San Francisco | Tel. 1415 7 88 22 72 | www.eda.admin.ch/sf

– 11859 Wilshire Blvd. | Suite 501 | Los Angeles | Tel. 1310 5 75 11 45 | www.eda.admin.ch/la

ÖSTERREICHISCHES HONORAR- UND GENERAL-KONSULAT

– 11859 Wilshire Blvd. | Suite 501 | Los Angeles | Tel. 1310 4 44 93 10

– www.austria-la.org

– 580 California Street | Suite 1500 | San Francisco | Tel. 1415 7 65 95 76

EINREISE

Für Deutsche, Schweizer und Österreicher ist für eine Reise von bis zu drei Monaten kein Visum nötig. Erforderlich ist jedoch der rote, maschinenlesbare Reisepass mit biometrischen Daten. Neu ausgestellte Kinderpässe erfordern zudem ein Visum – besser gleich einen regulären Pass beantragen!

Vor der Reise muss sich jeder Reisende ohne Visum im Internet registrieren, dabei wird eine per Kreditkarte zu bezahlende Gebühr *(esta.cbp.dhs.gov | 14 $)* fällig. Diese Registrierung gilt dann zwei Jahre lang für alle Reisen. Weitere Informationen finden Sie unter *de.usembassy.gov/de, www.dhs.gov*

GELD

Euro-Bargeld ist nur an Flughäfen und in großen Hotels zu wechseln; auch US-Banken *(werktags 10–15 Uhr)* bieten meist keine Wechseldienste an. Populärste Zahlungsmittel sind Kreditkarten (am weitesten verbreitet: Visa, Mastercard/

LESEHUNGER & AUGENFUTTER

Silicon Wahnsinn – Amüsant und locker erinnert sich Katja Kessler an turbulente und teils recht schräge zehn Monate in Kalifornien (2014)

Surferboy – Anschaulich und packend erzählt Kevin McAleer in seinem Roman von den Surfern in Kalifornien – gute Surferlektüre bei Windstille (2007)

American Graffiti – Mehrfach ausgezeichneter Kultfilm aus dem Jahr 1973 über die Rock-'n'-Roll-Generation der Sixties; gedreht in Modesto, der Heimatstadt des Regisseurs George Lucas

Sideways – Charmant widmet sich der Oscar-gekrönte Film der amerikanischen Weinkultur. Als Kulisse dient das Rebenland um Santa Barbara. Im Santa Ynez Valley wird dort ein regelrechter Kult um den Pinot Noir zelebriert. Zwei glücklose Mitvierziger versuchen den Lifestyle der Weinliebhaber nachzueifern (2004)

Eurocard). Bargeld bekommen Sie mit EC-Karte und (vierstelliger) PIN an den meisten Geldautomaten, erkundigen Sie sich aber vorab bei Ihrer Bank nach Ihrem Limit. Reiseschecks werden als Zahlungsmittel überall angenommen – Sie bekommen Bares als Wechselgeld zurück. 1 Dollar = 100 Cent. Scheine *(bills)* gibt es in den Werten 1, 5, 10, 20, 100 Dollar. Münzen *(coins)* gibt es in den Werten: *penny* (1 Cent), *nickel* (5 Cent), *dime* (10 Cent), *quarter* (25 Cent), *buck* (1 Dollar).

GESUNDHEIT

Die Notaufnahmeabteilungen der Krankenhäuser, mit *Emergency Room* außen deutlich beschildert, helfen bei akuten Notfällen weiter. Übliche Praxis: Das Personal verlangt vor der Behandlung eine Kreditkarte. Die meisten akzeptieren Mastercard und Visa. Schließen Sie in jedem Fall vor der Reise eine Reisekrankenversicherung ab.

INLANDSREISEVERKEHR

Die Eisenbahngesellschaft *Amtrak* bietet für 7–21 Tage einen *California Rail Pass (deutsch.amtrak.com)*. *Greyhound (www.greyhound.com)* ist die Überlandbuslinie mit dem dichtesten Netz. Auskünfte erteilen die Reisebüros.

INTERNET & WLAN

Als Geburtsland des Internets ist Kalifornien natürlich perfekt vernetzt. Der Internetzugang im Hotel kostet meist 8–15 $ pro Tag, oft steht aber ein kostenlos zu nutzender Computer in der Hotellobby. Für den eigenen Laptop finden Sie in vielen Hotels und Internetcafés WLAN-Zugang *(WiFi, wireless network)*, teils kostenlos, teils gegen Gebühr. Für 2–3 $ pro 10 Minuten sind zur E-Mail-Abfrage auch Webcomputer in Coffeeshops oder Büroläden wie *Kinko's* zu nutzen.

WAS KOSTET WIE VIEL?

Soft Drink	1–2,50 Euro *für 1 Flasche Cola*
Bier	4–6 Euro *für 1 Glas in der Bar*
Hamburger	4 Euro *für einen Riesenburger bei In-N-Out*
Jeans	35–50 Euro *für eine Levi's*
Benzin	3 Euro *für 1 Gallone (3,78 l) bleifrei*
Taxi	2–2,50 Euro *pro Meile*

KLIMA

Die Sommer in Kalifornien sind trocken. Der Winter bringt den ersehnten Regen und in höheren Lagen oft sehr viel Schnee. In San Francisco sind die Hochsommermonate wegen des häufigen Nebels kühler als die angenehmeren Monate Mai/Juni und September. Am wärmsten ist der September, wenn die Quecksilbersäule auf über 20 Grad ansteigt. Das mildere Südkalifornien verzeichnet im Winter Spitzentemperaturen zwischen 10 und 18 Grad, von Juli bis September 23 Grad und mehr. Extremwerte in der Wüste: über 50 Grad.

MASSE & GEWICHTE

1 inch = 2,54 cm, 1 foot = 30,48 cm
1 yard = 91,44 cm, 1 mile = 1,6 km
1 pint = 0,47 l, 1 gallon = 3,79 l
1 pound = 453,6 g

Temperaturen lassen sich so umrechnen: Fahrenheit minus 32 mal 5 dividiert durch 9 ergibt Celsius: 0 °C = 32 °F, 10 °C = 50 °F, 20 °C = 68 °F, 30 °C = 86 °F, 40 °C = 104 °F

Kleidergrößen:
Bei der Damenkonfektion entspricht US-Größe 4 der deutschen 34, 6 = 36, 8 = 38, 10 = 40, 12 = 42, 14 = 44.
Bei den Herren ist die US-Größe 36 = 46, 38 = 48, 40 = 50, 42 = 52, 44 = 54

MIETWAGEN

PKW

Mietwagen sind erfahrungsgemäß am preisgünstigsten, wenn man sie von Deutschland aus reserviert. Zudem sind dann Einwegmieten meist ohne Aufpreis möglich. Sehr günstige Tarife für ein- und mehrwöchige Rundreisen bieten für die USA Vermittler wie *Auto Europe (Tel. (Deutschland) 0800 7239478 | www.autoeurope.de)*. Ein Preisvergleich lohnt sich auf jeden Fall. Niederlassungen der Autovermieter befinden sich an allen großen Flughäfen.

WOHNMOBIL

Reservieren Sie Ihr Wohnmobil rechtzeitig, am besten schon von Deutschland aus. Doch auch kurzfristig kann man noch Glück haben und einen Camper bekommen.
El Monte RV Rentals mit Filialen außerhalb von Los Angeles und San Francisco bietet *RVs (recreation vehicle)* von 700 $ pro Woche an aufwärts. Die Nebensaisonpreise liegen teils 40 Prozent niedriger. Buchung über die Reisebüros oder unter *www.elmonterv.com*.

WETTER IN SAN FRANCISCO

	Jan.	Feb.	März	April	Mai	Juni	Juli	Aug.	Sept.	Okt.	Nov.	Dez.
Tagestemperaturen in °C	13	15	16	17	17	18	18	18	20	20	18	14
Nachttemperaturen in °C	7	8	9	10	11	12	12	12	13	12	10	8
Sonnenschein Stunden/Tag	5	7	8	9	10	11	9	8	9	8	6	5
Niederschlag Tage/Monat	8	7	8	6	2	1	0	0	0	2	7	8
Wassertemperaturen in °C	11	11	12	12	13	14	15	15	16	15	13	11

 Sonnenschein Stunden/Tag Niederschlag Tage/Monat Wassertemperaturen in °C

NACKTBADEN

Öffentliches Nacktbaden ist im prüden Amerika verboten. Es gibt nur wenige privat geführte FKK-Strände.

NOTRUF

Die *Notrufnummer* für Polizei und medizinische Notfälle ist *911*.

POST

Die meisten Postämter sind Mo–Fr 9–17, manche auch Sa 9–12 Uhr geöffnet. Briefmarken erhalten Sie auch in *drugstores*. Das Porto für Luftpostbrief und -postkarte nach Europa beträgt je 1,15 $.

STEUER

Die Verkaufssteuer beträgt je nach Region 7,5–10 Prozent. Achtung: Diese *sales tax* wird erst an der Kasse hinzugerechnet, ist also auf Speisekarten und Preisschildern noch nicht berücksichtigt. Im Hotel wird teils eine Übernachtungssteuer von einigen Prozent aufgeschlagen.

STROM

110 Volt/60 Hertz. Kleingeräte (Rasierapparat, Föhn) funktionieren auch mit dieser Spannung. Man benötigt jedoch Adapter für die Steckdosen.

TELEFON & HANDY

Innerhalb der USA: für Ferngespräche im Land die 1 vor der dreistelligen Ortsvorwahl *(area code)* mitwählen, für Ortsgespräche die 1 weglassen. Der Operator (man wählt die Nummer 0) hilft beim R-Gespräch *(collect call)* innerhalb der USA und bei allen Fragen. Gebührenfrei: alle Nummern mit den Vorwahlen 1800, 1844, 1888, 1866 und 1877. Mietwagenfirmen, Fluggesellschaften und Hotelketten bieten diesen Service für Reservierungen an.

Vorwahl aus den USA nach Deutschland: 01149, Österreich: 01143, Schweiz: 01141; danach die Ortsvorwahl ohne 0.

In öffentlichen Telefonzellen kostet ein Gespräch 25–50 Cent. Hotels verlangen bis zu 2 $ und mehr für eine Einheit.

Tri- und Quad-Band-Handys funktionieren auch in Kalifornien – aber gegen einen Roaming-Aufpreis von bis zu 2 Euro pro Minute. Preiswerter sind für Anrufe von Telefonzellen und im Hotel die an Tankstellen und kleinen Märkten erhältlichen *prepaid phone cards*.

TRINKGELD

In den Restaurantpreisen ist kein Bedienungsgeld enthalten. Kellner bekommen daher 15–20 Prozent Trinkgeld *(tip)* vom Endpreis. In Hotels rechnen die Gepäckträger *(bell boys)* mit mindestens 1 $ pro Gepäckstück. Und vergessen Sie das Zimmermädchen nicht!

ZEIT

Pacific Standard Time (PST): mitteleuropäische Zeit *(MEZ)* minus neun Stunden. Sommerzeit gilt von Mitte März bis Anfang November.

ZOLL

Zollfrei sind die persönliche Ausrüstung, 200 Zigaretten, 1 l Spirituosen und Geschenke im Wert bis 100 $. Die Einfuhr von Lebensmitteln ist beschränkt (keine Wurst, frisches Obst oder frische pflanzliche Produkte, auch nicht als Reiseproviant). Zurück in die EU dürfen Sie pro Person zollfrei einführen: 1 l Spirituosen oder 2 l Wein, 200 Zigaretten, 50 g Parfüm und sonstige Waren im Gesamtwert von 430 Euro.

SPRACHFÜHRER ENGLISCH

AUSSPRACHE

Zur Erleichterung der Aussprache sind alle Begriffe und Wendungen mit einer einfachen Umschrift in eckigen Klammern versehen. Folgende Zeichen sind Sonderzeichen:

ɵ wie [s], gesprochen nur mit der Zungenspitze zwischen den Zähnen
ə nur angedeutetes „e" wie am Ende von „Bitte", immer ohne Betonung
' Betonung liegt auf der folgenden Silbe

AUF EINEN BLICK

ja/nein/vielleicht	yes [jess]/no [nou]/maybe ['meybih]
bitte/danke	please [plihs]/thank you ['ɵänkju]
Entschuldige!	Sorry! [ssorri]
Entschuldigen Sie!	Excuse me, please! [iks'kjuhs mih, plihs]
Darf ich ...?	May I ...? [mey ai?]
Wie bitte?	Pardon? ['pahdn?]
Ich möchte .../ Haben Sie ...?	I'd like to ... [aid laik tu ...]/ Do you have ...? [dju häf ...]
Wie viel kostet ...?	How much is ...? ['hau matsch is ...]
Das gefällt mir/nicht.	I love it. [ai laf it]/I don't like it. [ai dount laik it]
gut/schlecht	good [gud]/bad [bäd]
kaputt/funktioniert nicht	broken/doesn't work [broukən/dasnt wöək]
(zu) viel/wenig	(too) much [(tuh) matsch]/(too) little [(tuh) litl]
Hilfe!/Achtung!/Vorsicht!	Help! [hälp]/Watch out! [watsch aut]/ Caution! [kahschn]
Krankenwagen/Notarzt	ambulance ['ämbjulənz]/paramedics [pärə'mediks]
Polizei/Feuerwehr	police [po'lihs]/fire department [faiə depahtment]
Gefahr/gefährlich	danger ['deyndschə]/dangerous ['deyndscharəs]

BEGRÜSSUNG UND ABSCHIED

Gute(n) Morgen!/Tag!/ Abend!/Nacht!	Good morning! [gud 'moəning]/day! [dey]/ evening! ['ifning]/night! [nait]
Hallo!/Auf Wiedersehen!	Hi! [hai]/(Good) Bye! [(gud) bai]
Tschüss!	See you! [ssih juh]
Ich heiße ...	I'm ... [aim ...]/My name is ... [mai 'näims ...]
Wie heißt du/heißen Sie?	What's your name? [wots joə 'näim]
Ich komme aus ...	I'm from ... [aim from ...]

Do you speak American English?

„Sprichst du Englisch?“ Dieser Sprachführer hilft Ihnen, die wichtigsten Wörter und Sätze auf Englisch zu sagen

DATUMS- UND ZEITANGABEN

Montag/Dienstag	Monday ['mandey]/Tuesday ['tjuhsdey]
Mittwoch/Donnerstag	Wednesday ['wensdey]/Thursday ['θöəsdey]
Freitag/Samstag	Friday ['fraidey]/Saturday ['ssätədey]
Sonntag/Feiertag	Sunday ['ssandey]/holiday ['holidey]
heute/morgen/ gestern	today [tə'dey]/tomorrow [tə'morou]/ yesterday ['jestədey]
Stunde/Minute	hour ['auə]/minute ['minit]
Tag/Nacht/Woche	day [dey]/night [nait]/week [wihk]
Wie viel Uhr ist es?	What time is it? [wət 'taim is it]
Es ist drei Uhr.	It's three o'clock. [its θrih əklok]

UNTERWEGS

offen/geschlossen	open [oupən]/closed [klousd]
Eingang/Ausgang	entrance ['entrənts]/exit ['eksit]
Ankunft/Abflug	arrival [ə'raiwl]/departure [di'pahtschə]
Toiletten/Damen/Herren	restrooms ['restruhms]/ladies [leydihs]/men [men]
(kein) Trinkwasser	(no) drinking water [(nou) drinkin wohtə]
Wo ist ...?/Wo sind ...?	Where is ...? [weə is ...]/Where are ...? [weə ah ...]
links/rechts	left [läft]/right [rait]
geradeaus/zurück	straight ahead [sstreyt ə'hed]/back [bäk]
nah/weit	close [klous]/far [fah]
Taxi	Taxi [taksı]/cab [käb]
Bushaltestelle/Taxistand	bus stop [bass sstop]/cab stand [käb sständ]
Parkplatz/ Parkhaus	parking lot ['pahkin lot]/ parking garage ['pahkin ga'rahsch]
Stadtplan/Landkarte	city map ['ssiti mäp]/road map [roud mäp]
Bahnhof/Hafen	train station [treyn ssteyschn]/harbor ['hahbə]
Flughafen	airport ['eahpoət]
Fahrplan/Fahrschein	timetable [taimteybl]/ticket ['tiket]
Zuschlag	additional fare [a'dischənəl fəah]
einfach/hin und zurück	one way [wan wey]/round trip [raund trip]
Ich möchte ... mieten.	I want to rent ... [ai wont tu rent ...]
ein Auto/ein Fahrrad	a car [ə kah]/a bike [ə baik]
ein Boot	a boat [ə bout]
ein Wohnmobil	a motorhome [ə 'moutəhoum]/ RV (recreational vehicle) [ar'wih]
Tankstelle	gas station [gäss ssteyschn]
Benzin/Diesel	gas [gäss]/diesel [dihsl]
Panne/Werkstatt	breakdown ['breykdaun]/repair shop [ri'peə schop]

ESSEN UND TRINKEN

Reservieren Sie uns bitte für heute Abend einen Tisch für vier Personen.	Would you please make a reservation for a table of four for tonight? [wud ju plihs meyk ə 'resəveyschən foa ə 'teybl əf 'foə foh tunait]
Die Speisekarte, bitte.	The menu, please. [ɵe menju plihs]
Könnte ich ... haben?	Could I please have ...? [kud ai plihs häf ...]
Vegetarier(in)/Allergie	vegetarian [wedsche'tərian]/allergy ['älədschi]
Ich möchte zahlen, bitte.	Could I have the check, please? [kud ai häf ɵə tschek plihs]

EINKAUFEN

Wo finde ich ...?	Where would I find ...? ['weə wud ai 'faind ...]
Ich möchte .../ Ich suche ...	I'd like ... [aid laik ...]/ I'm looking for ... [aim luking foə ...]
Apotheke/Drogerie	pharmacy ['fahməssi]/drugstore ['dragstoə]
Einkaufszentrum	shopping center ['schopping 'ssentə]
teuer/billig/Preis	expensive [iks'penssif]/cheap [tschihp]/price [praiss]
mehr/weniger	more [moə]/less [less]
aus biologischem Anbau	organically grown [or'gänikəli groun]

ÜBERNACHTEN

Ich habe ein Zimmer reserviert.	I've reserved a room. [aif ri'söəvd ə ruhm]
Haben Sie noch ein ...?	Do you still have a ...? [du ju sstil häf ə]
Einzelzimmer	single room [ssingl ruhm]
Doppelzimmer	room for two [ruhm foə tuh]
(Wohnmobil-)Stellplatz	stall [sstal]/space [sspeyss]
Frühstück/Halbpension	breakfast ['brekfəst]/European plan [juro'piən plän]
Vollpension	American plan [ə'märikan plän]/full board [ful boərd]
zum Meer/zum See	oceanfront [ouschnfrant]/lakefront [leykfrant]
Dusche/Bad	shower [schauə]/sit down bath [ssit daun bäɵ]
Balkon/Terrasse	balcony ['bälkoni]/terrasse ['terəss]
Schlüssel/Zimmerkarte	key [kih]/room access card [ruhm 'äksess kard]
Gepäck/Koffer/Tasche	luggage ['lagitsch]/suitcase ['ssuhtkeys]/bag [bäg]

BANKEN UND GELD

Bank/Geldautomat	bank [bänk]/ATM [ey ti em]
Geheimzahl	pin code [pin koud]
Ich möchte ... Euro wechseln.	I'd like to change ... Euro. [aid laik tə tscheynsch ... jurou]
bar/Kreditkarte	cash [käsch]/credit card [kredit kard]
Banknote/Münze	bill [bil]/coin [koin]

GESUNDHEIT

Arzt/Zahnarzt/ Kinderarzt	doctor ['doktə]/dentist ['dentist]/ pediatrician [pedia'trischən]
Krankenhaus/ Notfallpraxis	hospital ['hospitl]/ emergency clinic [i'mertschənsi 'klinik]
Fieber/Schmerzen	feaver [fihvə]/pain [peyn]
Durchfall/Übelkeit	diarrhea [daiə'ria]/sickness ['ssikness]
Sonnenbrand/-stich	sunburn ['ssanbörn]/sunstroke ['ssanstrouk]
Rezept	prescription [prəs'kripschən]
Schmerzmittel/Tablette	pain killer [peyn kilə]/pill [pill]

TELEKOMMUNIKATION & MEDIEN

Briefmarke/Brief	stamp [sstämp]/letter ['lettə]
Postkarte	postcard ['poustkahd]
Ich brauche eine Telefonkarte für Ferngespräche.	I need a phone card for long distance calls. [ai nihd ə foun kahd for long disstants kahls]
Ich suche eine Prepaid-Karte für mein Handy.	I'm looking for a prepaid-card for my cell phone. [aim luking foə a foun kahd foə mai ssell foun]
Wo finde ich einen Internetzugang?	Is there internet access here somewhere? [is θea 'internet 'äksess hiə 'ssamweə]
Brauche ich eine spezielle Vorwahl?	Do I need a special area code? [duh ai nihd a 'speschəl ärea koud]
Steckdose/Adapter/ Ladegerät	wall plug [wahl plag]/adapter [ə'däptə]/ charger [tschatschə]
Computer/Batterie/Akku/ WLAN	computer/battery/recharchable battery['bäteri] [re'tschahtschablə bäteri]/Wi-Fi ['waifai]

FREIZEIT, SPORT UND STRAND

Strand	beach [bihtsch]
Sonnenschirm/Liegestuhl	sun shade [ssan scheyd]/beach chair [bihtsch tschea]
Fahrrad-/Mofa-Verleih	bike ['baik]/scooter rental ['skuhtə rentəl]
Vermietladen	rental shop [rentəl schop]
Übungsstunde	lesson ['lessən]

ZAHLEN

1/2	a/one half [ə/wan 'hahf]	200	two hundred ['tuh 'handrəd]
1/4	a/one quarter [ə/wan 'kwohtə]	1000	(one) thousand [('wan) θausənd]
10	ten [tän]	2000	two thousand ['tuh θausənd]
20	twenty ['twänti]	5000	five thousand [faiw θausənd]
100	(one) hundred [('wan) 'handrəd]	10 000	ten thousand ['tän θausənd]

REISEATLAS

Verlauf der Erlebnistour „Perfekt im Überblick"
Verlauf der Erlebnistouren

Der Gesamtverlauf aller Touren ist auch in der herausnehmbaren Faltkarte eingetragen

 Bild: Golden Gate Bridge von San Francisco

Unterwegs in Kalifornien

Die Seiteneinteilung für den Reiseatlas finden Sie auf dem hinteren Umschlag dieses Reiseführers

A
B
C
1
2
3
4
5
6
Smith River
Gasquet
Hazelview Summit (637)
Collier Tunnel
Siskiyou Mts
Klamath River Lodge
2054
Copper
Siskiyou (1313)
Hilt
Copco
Dorris
Klamath Riv.
110
Pt. St. George
Crescent City
2228
Clear Creek
Happy Camp
Hamburg
Yreka
Klamath Mountains
Redwood N.P.
Klamath
Yurok Ind. Res.
Johnsons
Somes Bar
2230
2530
Ft. Jones
Greenview
Gazelle
Grenada
2371
Mt. Hebron
Bray
Cougar
Weed
Mt. Shasta 4317
Mt.Shasta
1984
Orick
Forks of Salmon
Callahan
2751
Weitchpec
Coast
Hoopa Valley Ind. Res.
Hoopa
Cecilville
Thompson Pk. 2744
Trinidad
Willow Creek
McCloud
Dunsmuir
1906
Big Bend
Trinity Center
Whiskeytown Shasta Trinity N.R.A.
Clair Engle L.
Lakehead
Lake Shasta Caverns
Shasta L.
Arcata
Eureka
Humboldt B.
Blue Lake
1667
Burnt Ranch
3560
1416
Big Bar
Trinity Riv.
South Fork Trinity Riv.
Weaverville
Central Valley
Round Mountain
Loleta
Fortuna
Douglas City
(979)
(1113)
Redding
Ferndale
Rio Dell
Scotia
Bridgeville
Mad Riv.
Forest Glen
C. Mendocino
Petrolia
Eel Riv.
Weott
Platina
Cottonwood
Humboldt Redwoods State Park
Zenia
Avenue of the Giants
2364
Red Bluff
1246
Shelter Cove
Garberville
Mt. Lynn 2466
232
Los Molinos
2023
Corning
Leggett
Paskenta
Covelo
(1524)
Mendocino Pass
2270
Hamilton City
Laytonville
Dos Rios
Chrome
Orland
Chico
Westport
591
337
Longvale
Elk Cr.
(2094)
Fort Bragg
Noyo
Willits
(423)
Snow Mt. 2151
Stonyford
Willows
Codora
Mendocino
Ridgewood Summit
Redwood Valley
Lodoga
Maxwell
Princeton
Albion
Navarro
Ukiah
Upper Lake
Colusa
Philo
Lucerne
Williams
Boonville
Russian Riv.
Clear L.
Clearlake
Lower Lake
Arbuckle
Pt. Arena
Hopland
Adams
Dunnigan
Whispering Pines
Gualala
Cloverdale
Geyserville
Middletown
Guinda
Stewarts Point
Calistoga
Esparto
Napa Valley
Lake Berryessa
Winters
2595
Guerneville
PACIFIC OCEAN
Jenner
Sebastopol
Sta. Rosa
Vacaville
Feestone
Yountville
Bodega Bay
Napa
Tomales B.
Sonoma
Fairfield
Petaluma
Point Reyes Nat. Seashore
Vallejo
S. Pablo B.
Benicia
Pittsburgh
Collinsville
Rio Vista
Novato
25 mi
50 km
40
Pt. Reyes
Drakes Bay
S. Anselmo
RICHMOND
El Cerrito
CONCORD
Walnut
Sausalito
BERKELEY
Golden Gate Bridge
SAN FRANCISCO
OAKLAND

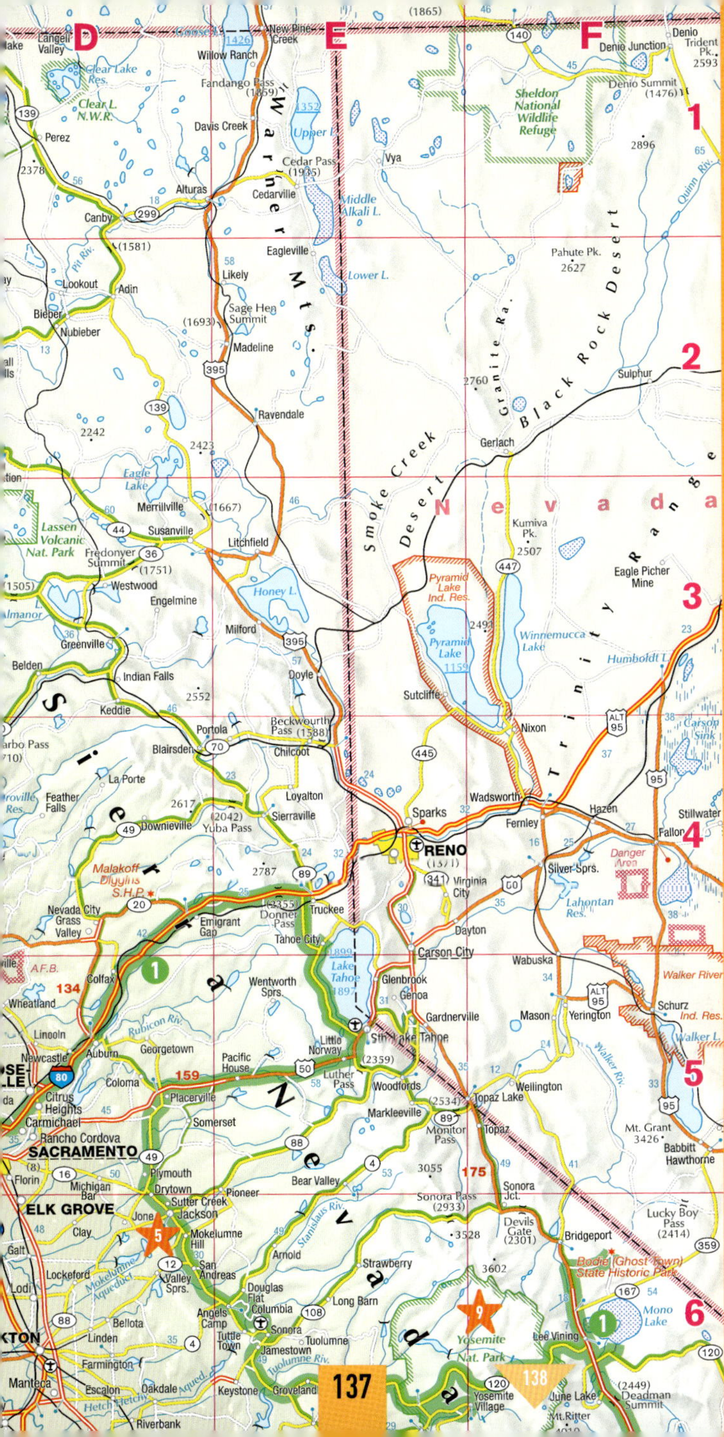

D
E
F
1
2
3
4
5
6
Langell Valley
Clear Lake Res.
Clear L. N.W.R.
Perez
Canby
Alturas
Cedarville
Willow Ranch
Fandango Pass (1859)
Davis Creek
New Pine Creek
Cedar Pass (1935)
Upper L.
Middle Alkali L.
Lower L.
Eagleville
Likely
Warner Mts.
Sage Hen Summit
Madeline
Ravendale
Adin
Lookout
Bieber
Nubieber
Pit Riv.
Vya
Denio
Denio Junction
Denio Summit (1476)
Trident Pk. 2593
Sheldon National Wildlife Refuge
2896
Quinn Riv.
Pahute Pk. 2627
Black Rock Desert
Granite Ra.
2760
Sulphur
Gerlach
Smoke Creek Desert
Nevada
Kumiva Pk. 2507
Eagle Picher Mine
Trinity Range
Pyramid Lake Ind. Res.
Pyramid Lake
Winnemucca Lake
Humboldt L.
Carson Sink
Stillwater
Fallon
Danger Area
Hazen
Fernley
Wadsworth
Nixon
Sutcliffe
Sparks
RENO
Virginia City
Silver Sprs.
Lahontan Res.
Dayton
Carson City
Wabuska
Walker River Ind. Res.
Schurz
Walker L.
Yerington
Mason
Glenbrook
Genoa
Gardnerville
South Lake Tahoe
Lake Tahoe
Tahoe City
Truckee
Donner Pass (2355)
Emigrant Gap
Eagle Lake
Lassen Volcanic Nat. Park
Susanville
Litchfield
Merrillville
Fredonyer Summit (1751)
Westwood
Engelmine
Honey L.
Milford
Doyle
Greenville
Belden
Indian Falls
Keddie
Portola
Blairsden
Beckwourth Pass (1588)
Chilcoot
Loyalton
Sierraville
La Porte
Feather Falls
Downieville
Yuba Pass
Malakoff Diggins S.H.P.
Nevada City
Grass Valley
Colfax
Wheatland
Lincoln
Newcastle
Auburn
Georgetown
Coloma
Placerville
Pacific House
Wentworth Sprs.
Rubicon Riv.
Little Norway
Luther Pass
Woodfords
Markleeville
Monitor Pass
Topaz Lake
Topaz
Wellington
Citrus Heights
Carmichael
Rancho Cordova
SACRAMENTO
Florin
ELK GROVE
Michigan Bar
Plymouth
Drytown
Sutter Creek
Jackson
Pioneer
Somerset
Clay
Galt
Lodi
Lockeford
Mokelumne Hill
San Andreas
Valley Sprs.
Mokelumne Aqueduct
Bellota
Linden
Farmington
Manteca
Escalon
Oakdale
Riverbank
Angels Camp
Douglas Flat
Columbia
Sonora
Tuttle Town
Jamestown
Tuolumne
Keystone
Groveland
Arnold
Strawberry
Long Barn
Bear Valley
Stanislaus Riv.
Sonora Pass (2933)
Sonora Jct.
Devils Gate (2301)
Bridgeport
Bodie (Ghost Town) State Historic Park
Mono Lake
Lee Vining
Yosemite Nat. Park
Yosemite Village
June Lake
Deadman Summit (2449)
Mt. Ritter
Lucky Boy Pass (2414)
Mt. Grant 3426
Babbitt
Hawthorne
Sierra Nevada

138

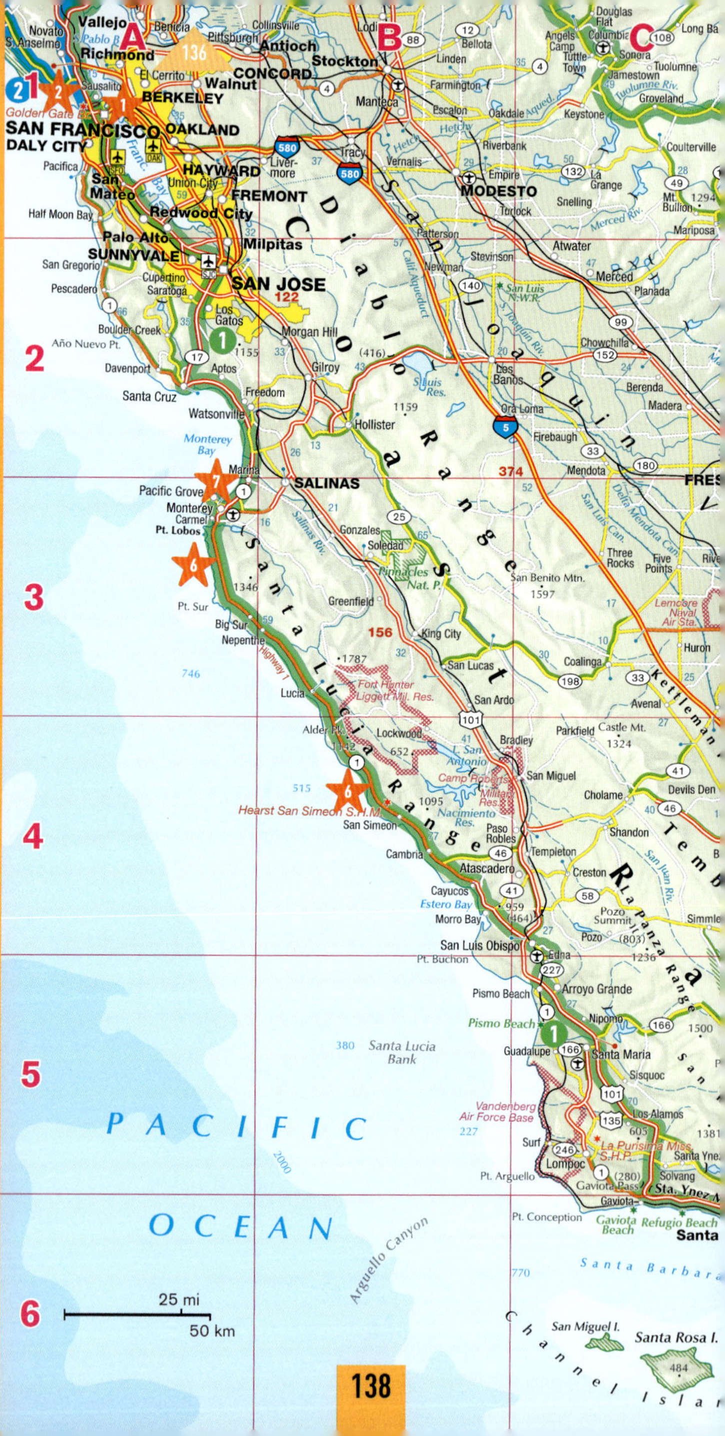
A
B
C
1
2
3
4
5
6
136
Vallejo
Novato
S. Anselmo
Benicia
Pittsburgh
Collinsville
Antioch
Lodi
Stockton
Bellota
Linden
Douglas Flat
Angels Camp
Columbia
Sonora
Tuttle Town
Jamestown
Tuolumne
Groveland
Long Ba
Richmond
El Cerrito
Walnut
CONCORD
BERKELEY
Sausalito
Golden Gate Br.
SAN FRANCISCO
OAKLAND
DALY CITY
Manteca
Farmington
Escalon
Oakdale
Keystone
Coulterville
Pacifica
Livermore
Tracy
Vernalis
Riverbank
Empire
La Grange
MODESTO
Snelling
Mt. Bullion
Mariposa
HAYWARD
Union City
FREMONT
San Mateo
Half Moon Bay
Redwood City
Turlock
Merced Riv.
Palo Alto
Milpitas
Patterson
Atwater
SUNNYVALE
San Gregorio
Newman
Stevinson
Merced
Planada
Cupertino
Saratoga
SAN JOSE
Pescadero
San Luis N.W.R.
Los Gatos
Boulder Creek
Morgan Hill
Chowchilla
Año Nuevo Pt.
Davenport
Aptos
Gilroy
Los Banos
Berenda
Madera
Santa Cruz
Freedom
S. Luis Res.
Watsonville
Hollister
Ora Loma
Firebaugh
Monterey Bay
Marina
Mendota
SALINAS
Pacific Grove
Monterey
Carmel
Pt. Lobos
Gonzales
Soledad
Pinnacles Nat. P.
Three Rocks
Five Points
San Benito Mtn.
1597
Pt. Sur
Greenfield
Lemoore Naval Air Sta.
Big Sur
Nepenthe
King City
Huron
Highway 1
San Lucas
Coalinga
Fort Hunter Liggett Mil. Res.
Lucia
San Ardo
Avenal
Alder Pk.
Lockwood
Bradley
Parkfield
Castle Mt.
1324
L. San Antonio
Camp Roberts Military Res.
San Miguel
Cholame
Devils Den
Heart San Simeon S.H.M.
San Simeon
Nacimiento Res.
Paso Robles
Shandon
Cambria
Templeton
Atascadero
Creston
Cayucos
Estero Bay
Morro Bay
Pozo Summit
Pozo
San Luis Obispo
Pt. Buchon
Edna
Simmle
Pismo Beach
Arroyo Grande
Nipomo
Guadalupe
Santa Maria
Sisquoc
Santa Lucia Bank
Vandenberg Air Force Base
Los Alamos
Surf
La Purisima Miss. S.H.P.
Lompoc
Santa Ynez
Pt. Arguello
Solvang
Gaviota Pass
Gaviota
Sta. Ynez
Pt. Conception
Gaviota Beach
Refugio Beach
Santa
PACIFIC
OCEAN
Arguello Canyon
Santa Barbara
San Miguel I.
Santa Rosa I.
Channel Islan
Diablo Range
San Joaquin
Santa Lucia Range
La Panza Range
Kettleman
Temb
25 mi
50 km

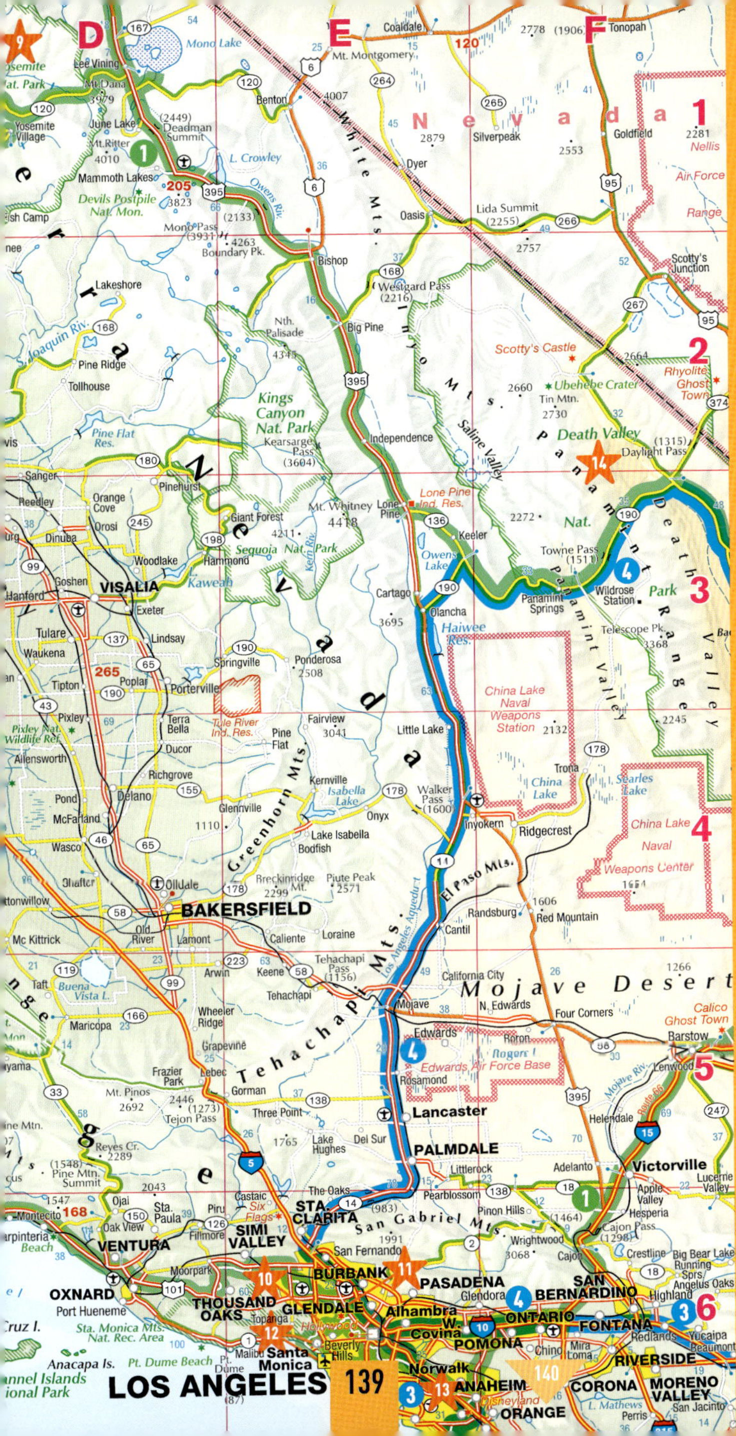

D
E
F
Nevada
Mono Lake
Lee Vining
Yosemite Nat. Park
Mt. Dana 3979
Yosemite Village
June Lake
Deadman Summit (2449)
Mt. Ritter 4010
Mammoth Lakes
Devils Postpile Nat. Mon.
Mono Pass (3931)
4263 Boundary Pk.
L. Crowley
Owens Riv.
Benton
Coaldale
Mt. Montgomery
White Mts.
Tonopah
Goldfield
Nellis Air Force Range
Silverpeak
Dyer
Oasis
Lida Summit (2255)
Scotty's Junction
Bishop
Westgard Pass (2216)
Big Pine
Inyo Mts.
Nth. Palisade 4345
Lakeshore
S. Joaquin Riv.
Pine Ridge
Tollhouse
Pine Flat Res.
Kings Canyon Nat. Park
Kearsarge Pass (3604)
Independence
Saline Valley
Scotty's Castle
Ubehebe Crater
Tin Mtn. 2730
Rhyolite Ghost Town
Death Valley Nat. Park
Daylight Pass (1315)
Panamint Range
Sierra Nevada
Sanger
Reedley
Orange Cove
Orosi
Dinuba
Pinehurst
Giant Forest
Mt. Whitney 4418
Lone Pine
Lone Pine Ind. Res.
Keeler
Owens Lake
Towne Pass (1511)
Panamint Springs
Wildrose Station
Telescope Pk. 3368
Death Valley
Sequoia Nat. Park
Kern Riv.
Hammond
Woodlake
Kaweah
VISALIA
Hanford
Goshen
Exeter
Cartago
Olancha
Haiwee Res.
Tulare
Waukena
Lindsay
Springville
Ponderosa 2508
Tipton
Poplar
Porterville
China Lake Naval Weapons Station
Panamint Valley
Pixley
Pixley Nat. Wildlife Ref.
Terra Bella
Tule River Ind. Res.
Fairview 3041
Pine Flat
Little Lake
Trona
Searles Lake
China Lake
Allensworth
Ducor
Richgrove
Greenhorn Mts.
Kernville
Isabella Lake
Walker Pass (1600)
Inyokern
Ridgecrest
China Lake Naval Weapons Center
Pond
Delano
McFarland
Glennville
Onyx
Lake Isabella
Bodfish
Wasco
Shafter
Oildale
Breckinridge Mt. 2299
Piute Peak 2571
El Paso Mts.
Randsburg
Red Mountain
BAKERSFIELD
Buttonwillow
Mc Kittrick
Old River
Lamont
Caliente
Loraine
Cantil
Los Angeles Aqueduct
Tehachapi Mts.
Taft
Buena Vista L.
Arvin
Keene
Tehachapi Pass (1156)
Tehachapi
California City
Mojave Desert
Maricopa
Wheeler Ridge
Mojave
N. Edwards
Four Corners
Calico Ghost Town
Barstow
Lenwood
Edwards
Edwards Air Force Base
Grapevine
Frazier Park
Lebec
Gorman
Tehachapi
Rosamond
Mt. Pinos 2692
Tejon Pass (1273)
Three Point
Lancaster
Helendale
Mojave Riv.
Route 66
Reyes Cr. 2289
Pine Mtn. Summit
Lake Hughes
Del Sur
PALMDALE
Littlerock
Adelanto
Victorville
Lucerne Valley
Apple Valley
Hesperia
Ojai
Castaic
Six Flags
The Oaks
STA. CLARITA
Pearblossom
Pinon Hills
Montecito
Carpinteria Beach
Oak View
Sta. Paula
Piru
Fillmore
SIMI VALLEY
San Gabriel Mts.
Wrightwood
Cajon Pass
Cajon
Crestline
Big Bear Lake
Running Sprs.
VENTURA
San Fernando
BURBANK
PASADENA
SAN BERNARDINO
Highland
Angelus Oaks
OXNARD
Port Hueneme
Moorpark
THOUSAND OAKS
GLENDALE
Alhambra
Glendora
W. Covina
ONTARIO
FONTANA
Redlands
Yucaipa
Beaumont
Sta. Cruz I.
Sta. Monica Mts. Nat. Rec. Area
Topanga
Hollywood
Malibu
Santa Monica
Beverly Hills
POMONA
Chino
Mira Loma
RIVERSIDE
Anacapa Is.
Pt. Dume Beach
Pt. Dume
Channel Islands National Park
LOS ANGELES
139
Norwalk
ANAHEIM
Disneyland
140
CORONA
L. Mathews
Perris
MORENO VALLEY
San Jacinto
ORANGE

A
B
C
139
Sanger
Selma
Reedley
Orange Cove
Orosi
Kingsburg
Dinuba
Pinehurst
Kings Canyon Nat. Park
(3604)
Giant Forest
Sequoia Nat. Park
Mt. Whitney
4418
4211
Lone Pine
Lone Pine Ind. Res.
Saline Valley
(1315)
Daylight Pass
Death Valley
Death Valley Nat.
Panamint Range
Panamint Valley
Woodlake
Hammond
Goshen
Hanford
VISALIA
Kaweah
Exeter
Tulare
Waukena
Lindsay
Corcoran
Tipton
Poplar
Porterville
Springville
Ponderosa
2508
Pixley
Pixley Nat. Wildlife Ref.
Terra Bella
Ducor
Allensworth
Kern Nat. Wildlife Ref.
Richgrove
Pond
McFarland
Delano
Wasco
Shafter
Buttonwillow
Oildale
BAKERSFIELD
Old River
Lamont
Taft
Buena Vista L.
Arwin
Maricopa
Wheeler Ridge
Grapevine
Frazier Park
Lebec
Gorman
Mt. Pinos
2692
2446
(1273)
Tejon Pass
Reyes Cr.
2289
(1548)
Pine Mtn. Summit
1547
2043
Ojai
Sta. Paula
Carpinteria
Oak View
VENTURA
Piru
Fillmore
Castaic
Six Flags
SIMI VALLEY
STA. CLARITA
OXNARD
Port Hueneme
Moorpark
THOUSAND OAKS
Sta. Monica Mts. Nat. Rec. Area
Topanga
Malibu
Pt. Dume
Pt. Dume Beach
Anacapa Is.
Santa Monica
LOS ANGELES
Beverly Hills
Hollywood
INGLEWOOD
Compton
TORRANCE
LONG BEACH
GARDEN GROVE
BURBANK
GLENDALE
San Fernando
PASADENA
Glendora
Alhambra
W. Covina
POMONA
FULLERTON
ANAHEIM
Disneyland
ORANGE
STA. ANA
IRVINE
HUNTINGTON BEACH
Newport Beach
Pt. Vicente
Laguna Beach
San Juan Capistrano
Dana Point
San Clemente
Camp Pendleton Marine Corps Base
San Pedro Channel
Santa Catalina I.
648
Avalon
Gulf of Santa Catalina
Channel Islands Nat. P.
Santa Barbara I.
Channel Islands
San Nicolas I.
San Clemente I.
U.S. Naval Res.
China Point
Cartago
Olancha
Haiwee Res.
Owens Lake
Keeler
Towne Pass (1511)
Panamint Springs
Wildrose Station
Telescope Pk.
3368
2272
2245
3695
China Lake Naval Weapons Station
2132
Little Lake
Fairview
3041
Pine Flat
Greenhorn Mts.
Kernville
Isabella Lake
Walker Pass (1600)
Onyx
Glennville
1110
Lake Isabella
Bodfish
Trona
China Lake
Searles Lake
China Lake Naval Weapons Center
1654
Inyokern
Ridgecrest
El Paso Mts.
Breckinridge Mt.
2299
Piute Peak
2571
Randsburg
1606
Red Mountain
Cantil
Caliente
Loraine
Keene
Tehachapi Pass
(1156)
Tehachapi
Tehachapi Mts.
Los Angeles Aqueduct
California City
Mojave
N. Edwards
1266
Four Corners
Calico Ghost T.
Edwards
Boron
Rogers L.
Edwards Air Force Base
Rosamond
Barstow
Lenwood
Mojave Riv.
Route 66
Lancaster
Three Point
1765
Lake Hughes
Del Sur
PALMDALE
Helendale
Littlerock
Pearblossom
Adelanto
Victorville
Apple Valley
Hesperia
Lucerne Valley
The Oaks
(983)
San Gabriel Mts.
1991
Pinon Hills
(1464)
Wrightwood
3068
Cajon
Cajon Pass
(1298)
Crestline
2431
Running Sprs.
Big B.
SAN BERNARDINO
Highland
Redlands
Angelus
Yucaipa
ONTARIO
FONTANA
Chino
Mira Loma
RIVERSIDE
Beaumont
CORONA
MORENO VALLEY
L. Mathews
Perris
San Ja.
Hemet
1735
Mission Viejo
Elsinore
Sun City
Temecula
972
Bonsall
Pala
Palo.
Vista
651
OCEANSIDE
Carlsbad
ESCONDIDO
Leucadia
Ramona
Encinitas
Solana Beach
Del Mar
Santee
La Mesa
Lakes.
SAN DIEGO
El Ca.
Cabrillo Nat. Mon.
Lemon Grove
National City
CHULA VISTA
TIJUANA
25 mi
50 km

D
E
F
1
2
3
4
5
6
Nevada
Arizona
MEXICO
Skull Mt. 1828
Test Site
Nellis Air Force Range
Mercury
Desert N.W.R.
Desert N.W.R.
2963
Moapa R. Ind. Res.
Moapa
Bunkerville
Grand Canyon-Parashant National Monument
Virgin Mountains
Virgin Riv.
Logandale
Overton
Valley of Fire S.P.
Amargosa Valley
Indian Springs
Las Vegas Valley
Devil's Hole Nat. Mon.
Ash Meadows Rancho
Spring Mts.
Gass Pk. 2116
Charleston Pk. 3633
Death Valley Junction
Pahrump
Mt. Charleston
LAS VEGAS
NORTH LAS VEGAS
SUNRISE MANOR
PARADISE
SPRING VALLEY
HENDERSON
Lake Mead
South Cove
Marina
Hoover Dam
Grand Canyon National Park
Spring Mtn. Ranch S.P.
Mountain Springs
Shoshone
Tecopa
Ibex Pass
Goodsprings
Boulder City
Lake Mead Nat. Rec. Area
Lake Mead City
Householder Pass
Grand Wash Cliffs
Kingston Pk.
Jean
McCullough Ra.
Nelson
Dolan Springs
Red Lake
Stateline
Clark Mtn.
Mt. Tipton
Black Mts.
Lake Mohave
Chloride
Nipton
Searchlight
Cottonwood Cove
Mountain Pass (1440)
Valley Wells
Silver Lake
Baker
Cal-Nev-Ari
Route 66
Union Pass (1097)
Cima
New York Mts.
Mojave Nat. Preserve
Soda Lake
Laughlin
Davis Dam
Bullhead City
Sitgreaves Pass (1113)
Kingman
Hualapai Mt. Park
Hualapai Mts.
Oatman
Kelso
Devil's Playground
Providence Mts.
Goffs
Yucca
South Pass (793)
Needles
Topock
17 Mile Ranch
Ludlow
Essex
Pisgah Crater
Lobecks Pass
Havasu N.W.R.
Crossman Pk.
Lake Havasu City
Amboy
Cadiz
Old Woman Mts.
Bristol Lake
Havasu Lake
Twentynine Palms Marine Corps Air Ground Combat Center
Landers
Danby Lake
Colorado River Aqueduct
Earp
Parker
Big River
Twentynine Palms
Joshua Tree
Yucca Valley
Twentynine Palms Ind. Res.
Joshua Tree National Park
Rice
Vidal
Granite Mts.
Colorado River Indian Tribes
Bouse
Desert Hot Springs
Keys View
Thousand Palms
Palm Springs
Eagle Mountain
Palen Mts.
McCoy Mts.
Midland
Hayfield Lake
Desert Center
Palen Lake
Indio
Palm Desert
Coachella
Blythe
Quartzsite
Pioneer
Valerie Jean
Mecca
Toro Pk.
Nicholls Warm Springs
Ripley
Sonoran Desert
Signal Pk.
Kofa Mts.
Chocolate Mountains
Chocolate Mtn. Gunnery Range
Bombay Beach
Milpitas Wash
Palo Verde
Cibola N.W.R.
Yuma Proving Ground
Anza-Borrego Desert S.P.
Colorado Desert
Salton Sea
Salton City
Borrego Springs
San Felipe
Niland
Midway Well
Stone Cabin
Kofa N.W.R.
Calipatria
Mine
Ocotillo Wells
Westmorland
Brawley
Glamis
Picacho
Imperial N.W.R.
Martinez Lake
Ferguson Lake
Naval Gunnery Ranges
Coachella Can.
Descanso
Guatay
Plaster City
Holtville
Winterhaven
El Centro
Yuma
Welton
Roll
Octotillo
Calexico
Algodones
Ligurta
Live Oak
Campo
Jacumba
18 de Marzo
Ciudad Morelos
Somerton
Agua Hechicero
La Rumorosa
MEXICALI
Bataques
SAN LUIS RÍO COLORADO
Jacumé

A
B
C
1
2
3
4
5
6
Sepulveda Dam Recreation Area
Van Nuys
North Ho
Ventura Freeway
Ventura Blvd.
210
Canyon
Lankershim Blvd.
Vineland Ave.
Blvd.
Hollywood Wy.
170
NBC Studios
Ventura Freeway
134
Encino
Encino Reservoir
Sherman Oaks
Coldwater
Studio City
Toluca
Universal Studios
Ventura Blvd.
Hollywood
Barham Blvd.
405
Mulholland
Drive
Mulholland
Laurel Canyon Blvd.
101
Mount Olympus
Skirball Cultural Ctr. & Museum
Topanga State Park
San Diego
Stone Canyon Reservoir
Beverly Glen Blvd.
Coldwater Canyon Blvd.
Lower Franklin Reservoir
Hollywood Bowl
TCL Chin. Theater/ Walk of Fame
Hollywood
Sunset
West Hollywood
Holly
2
Santa
Warner Hollywood Studios
Bel Air
Freeway
W. Sunset Blvd.
The Getty Center
U.C.L.A.
Sepulveda
Beverly Hills
Beverly
3rd St.
L. A. County Mus. of Art
Page M
Blvd.
Ave.
W. Sunset Blvd.
405
2
Blvd.
Two Rodeo Drive
Blvd.
Brentwood
Century City
Petersen Automotive Mus.
Blvd.
Monica
Pico Blvd.
Vicente
Bundy
Olympic
Rancho Park
La Cienega
San
Brea
Westwood
Venice Blvd.
La
Santa Monica
Montana Ave.
Wilshire Blvd.
Dr.
Blvd.
Freeway
10
Santa
Olympic
Mus. of Art
Santa
Monica
Jefferson Park
Bergamot Station
10
Blvd.
Rodeo Rd.
Third St. Prom.
Museum of Flying
Centinela Ave.
San Diego
Palms
1
Pico Blvd.
City Hall
Ocean Park Blvd.
Santa Monica Municip. Airp.
Blvd.
Santa Monica Pier
Pacific Ave.
Mar Vista
Freeway
Creek
Culver City
Cienega
Kenneth Hahn S.R.A.
Baldwin Hills
Ocean Park
1
Venice Blvd.
Washington Blvd.
Ballona
La
Ave.
Venice
Venice Beach
Slauson
Ave.
Windsor Hills
90
Fwy.
Ladera Hts.
La Brea
Marina
Fisherman's Village
Blvd.
Centinela Ave.
Marina del Rey
Jefferson
Santa Monica Bay
1
West-chester
Blvd.
Ing
42
Manchester
Blvd.
Loyola Marymount University
Lincoln Blvd.
Playa del Rey
405
Great Western Forum
Dockweiler State Beach
Vista
Los Angeles International Airport
Century Blvd.
Hollywood Pa (Race Trac
Lennox
Blvd.
Fwy.
PACIFIC OCEAN
Imperial
Hwy.
Gle
105
El Segundo
del
Sepulveda
Aviation
Diego
Hawthorne Blvd.
2 mi
2 km
El
San
Segundo
Blvd
Haw
Mar
Rosecrans
Av.
Manhattan Beach
Lawnc

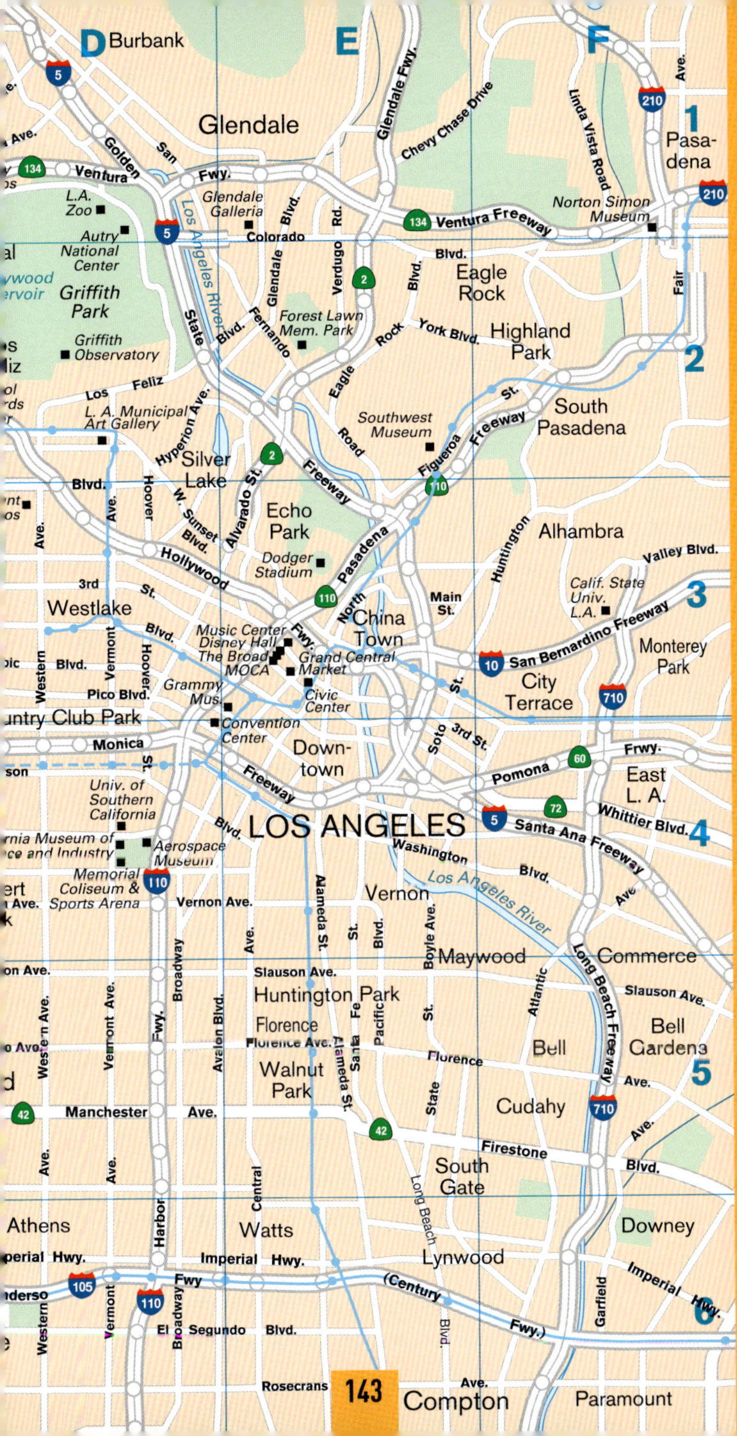
D
E
F
1
2
3
4
5
6
Burbank
Glendale
Pasadena
Ventura Fwy.
Golden
San
Glendale Fwy.
Chevy Chase Drive
Linda Vista Road
Norton Simon Museum
Ventura Freeway
L.A. Zoo
Autry National Center
Griffith Park
Griffith Observatory
Glendale Galleria
Colorado
Blvd.
Los Angeles River
Glendale
Verdugo
Rd.
Eagle Rock
Forest Lawn Mem. Park
York Blvd.
Highland Park
State
Fernando
Eagle
Rock
Fair
Los Feliz
L. A. Municipal Art Gallery
Hyperion Ave.
Southwest Museum
Road
St.
Freeway
South Pasadena
Silver Lake
Alvarado St.
Hoover
W. Sunset Blvd.
Echo Park
Figueroa
Huntington
Alhambra
Valley Blvd.
Hollywood
Dodger Stadium
Pasadena
Calif. State Univ. L.A.
3rd
Westlake
North
China Town
Main St.
San Bernardino Freeway
Monterey Park
Music Center
Disney Hall
The Broad
MOCA
Fwy.
Grand Central Market
Civic Center
Western
Vermont
Hoover
Blvd.
Pico Blvd.
Grammy Mus.
Convention Center
City Terrace
Country Club Park
Monica
Down-town
Soto
3rd St.
Pomona
Frwy.
East L. A.
Whittier Blvd.
Univ. of Southern California
LOS ANGELES
Washington
Santa Ana Freeway
California Museum of Science and Industry
Aerospace Museum
Memorial Coliseum & Sports Arena
Vernon Ave.
Vernon
Los Angeles River
Alameda St.
Boyle Ave.
Maywood
Long Beach Freeway
Commerce
Slauson Ave.
Huntington Park
Broadway
Florence
Florence Ave.
Pacific
Atlantic
Bell
Bell Gardens
Walnut Park
Santa Fe
Alameda St.
Manchester
Ave.
Cudahy
Firestone
Blvd.
South Gate
Long Beach
Athens
Harbor
Central
Watts
Downey
Imperial Hwy.
Lynwood
Fwy
(Century Fwy.)
Garfield
El Segundo
Blvd.
Rosecrans
Compton
Paramount
5
134
2
110
10
710
60
72
42
105
210

KARTENLEGENDE

Autobahn, mehrspurige Straße - in Bau Highway, multilane divided road - under construction		Autoroute, route à plusieurs voies - en construction Autopista, carretera de más carriles - en construcción
Fernverkehrsstraße - in Bau Trunk road - under construction		Route à grande circulation - en construction Ruta de larga distancia - en construcción
Hauptstraße Principal highway		Route principale Carretera principal
Nebenstraße Secondary road		Route secondaire Carretera secundaria
Fahrweg, Piste Practicable road, track		Chemin carrossable, piste Camino vecinal, pista
Straßennummerierung Road numbering	1 48 1 26 26	Numérotage des routes Numeración de carreteras
Entfernungen in mi. (USA), in km (MEX) Distances in mi. (USA), in km (MEX)	259 130 129	Distances en mi. (USA), en km (MEX) Distancias en mi. (USA), en km (MEX)
Höhe in Meter - Pass Height in meters - Pass	1365	Altitude en mètres - Col Altura en metros - Puerto de montaña
Eisenbahn Railway		Chemin-de-fer Ferrocarril
Autofähre - Schifffahrtslinie Car ferry - Shipping route		Bac autos - Ligne maritime Transportador de automóviles - Ferrocarriles
Wichtiger internationaler Flughafen - Flughafen Major international airport - Airport		Aéroport important international - Aéroport Aeropuerto importante internacional - Aeropuerto
Internationale Grenze - Bundesstaatengrenze International boundary - federal boundary		Frontière nationale - Frontière fédérale Frontera nacional - Frontera federal
Unbestimmte Grenze Undefined boundary		Frontière d'État non définie Frontera indeterminada
Zeitzonengrenze Time zone boundary	-4h Greenwich Time -3h Greenwich Time	Limite de fuseau horaire Límite del huso horario
Hauptstadt eines souveränen Staates National capital	WASHINGTON	Capitale nationale Capital de un estado soberano
Hauptstadt eines Bundesstaates State capital	PHOENIX	Capitale d'un état fédéral Capital de estado
Sperrgebiet Restricted area		Zone interdite Zona prohibida
Indianerreservat - Nationalpark Indian reservation - National park		Réserve d'indiens - Parc national Reserva de indios - Parque nacional
Sehenswertes Kulturdenkmal Interesting cultural monument	*Disneyland*	Monument culturel intéressant Monumento cultural de interés
Sehenswertes Naturdenkmal Interesting natural monument	*Niagara Falls*	Monument naturel intéressant Monumento natural de interés
Brunnen, Salzsee Well, Salt lake		Puits, Lac salé Pozo, Lago salado
MARCO POLO Erlebnistour 1 MARCO POLO Discovery Tour 1		MARCO POLO Tour d'aventure 1 MARCO POLO Recorrido aventura 1
MARCO POLO Erlebnistouren MARCO POLO Discovery Tours		MARCO POLO Tours d'aventure MARCO POLO Recorridos de aventura
MARCO POLO Highlight	1	MARCO POLO Highlight

FÜR IHRE NÄCHSTE REISE ...

ALLE **MARCO POLO** REISEFÜHRER

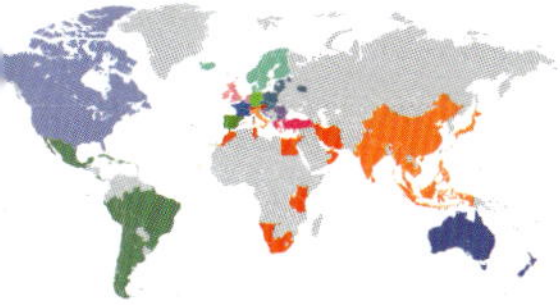

DEUTSCHLAND
Allgäu
Bayerischer Wald
Berlin
Bodensee
Chiemgau/Berchtesgadener Land
Dresden/Sächsische Schweiz
Düsseldorf
Eifel
Erzgebirge/Vogtland
Föhr & Amrum
Franken
Frankfurt
Hamburg
Harz
Heidelberg
Köln
Lausitz/Spreewald/Zittauer Gebirge
Leipzig
Lüneburger Heide/Wendland
Mecklenburgische Seenplatte
Mosel
München
Nordseeküste Schleswig-Holstein
Oberbayern
Ostfriesische Inseln
Ostfriesland/Nordseeküste Niedersachsen/Helgoland
Ostseeküste Mecklenburg-Vorpommern
Ostseeküste Schleswig-Holstein
Pfalz
Potsdam
Rheingau/Wiesbaden
Rügen/Hiddensee/Stralsund
Ruhrgebiet
Schwarzwald
Stuttgart
Sylt
Thüringen
Usedom
Weimar

ÖSTERREICH SCHWEIZ
Kärnten
Österreich
Salzburger Land
Schweiz
Steiermark
Tessin
Tirol
Wien
Zürich

FRANKREICH
Bretagne
Burgund
Côte d'Azur/Monaco
Elsass
Frankreich
Französische Atlantikküste
Korsika
Languedoc-Roussillon
Loire-Tal
Nizza/Antibes/Cannes/Monaco
Normandie
Paris
Provence

ITALIEN MALTA
Apulien
Dolomiten
Elba/Toskanischer Archipel
Emilia-Romagna
Florenz
Gardasee
Golf von Neapel
Ischia
Italien
Italienische Adria
Italien Nord
Italien Süd
Kalabrien
Ligurien/Cinque Terre
Mailand/Lombardei
Malta & Gozo
Oberital. Seen
Piemont/Turin
Rom
Sardinien
Sizilien/Liparische Inseln
Südtirol
Toskana
Venedig
Venetien & Friaul

SPANIEN PORTUGAL
Algarve
Andalusien
Azoren
Barcelona
Baskenland/Bilbao
Costa Blanca
Costa Brava
Costa del Sol/Granada
Fuerteventura
Gran Canaria
Ibiza/Formentera
Jakobsweg Spanien
La Gomera/El Hierro
Lanzarote
La Palma
Lissabon
Madeira
Madrid
Mallorca
Menorca
Portugal
Spanien
Teneriffa

NORDEUROPA
Bornholm
Dänemark
Finnland
Island
Kopenhagen
Norwegen
Oslo
Schweden
Stockholm
Südschweden

WESTEUROPA BENELUX
Amsterdam
Brüssel
Cornwall & Devon
Dublin
Edinburgh
England
Flandern
Irland
Kanalinseln
London
Luxemburg
Niederlande
Niederländische Küste
Oxford
Schottland
Südengland

OSTEUROPA
Baltikum
Budapest
Danzig
Krakau
Masurische Seen
Moskau
Plattensee
Polen
Polnische Ostseeküste/Danzig
Prag
Slowakei
St. Petersburg
Tallinn
Tschechien
Ungarn
Warschau

SÜDOSTEUROPA
Bulgarien
Bulgarische Schwarzmeerküste
Kroatische Küste Dalmatien
Kroatische Küste Istrien/Kvarner
Montenegro
Rumänien
Slowenien

GRIECHENLAND TÜRKEI ZYPERN
Athen
Chalkidikí/Thessaloníki
Griechenland Festland
Griechische Inseln/Ägäis
Istanbul
Korfu
Kos
Kreta
Peloponnes
Rhodos
Sámos
Santorin
Türkei
Türkische Südküste
Türkische Westküste
Zákinthos/Itháki/Kefalloniá/Léfkas
Zypern

NORDAMERIKA
Chicago und die Großen Seen
Florida
Hawai'i
Kalifornien
Kanada
Kanada Ost
Kanada West
Las Vegas
Los Angeles
New York
San Francisco
USA
USA Ost
USA Südstaaten/New Orleans
USA Südwest
USA West
Washington D.C.

MITTEL- UND SÜDAMERIKA
Argentinien
Brasilien
Chile
Costa Rica
Dominikanische Republik
Jamaika
Karibik/Große Antillen
Karibik/Kleine Antillen
Kuba
Mexiko
Peru & Bolivien
Yucatán

AFRIKA UND VORDERER ORIENT
Ägypten
Djerba/Südtunesien
Dubai
Iran
Israel
Jordanien
Kapstadt/Wine Lands/Garden Route
Kapverdische Inseln
Kenia
Marokko
Marrakesch
Namibia
Oman
Rotes Meer & Sinai
Südafrika
Tansania/Sansibar
Tunesien
Vereinigte Arabische Emirate

ASIEN
Bali/Lombok/Gilis
Bangkok
China
Hongkong/Macau
Indien
Indien/Der Süden
Japan
Kambodscha
Ko Samui/Ko Phangan
Krabi/Ko Phi Phi/Ko Lanta/Ko Jum
Malaysia
Myanmar
Nepal
Peking
Philippinen
Phuket
Shanghai
Singapur
Sri Lanka
Thailand
Tokio
Vietnam

INDISCHER OZEAN UND PAZIFIK
Australien
Malediven
Mauritius
Neuseeland
Seychellen

Viele MARCO POLO Reiseführer gibt es auch als eBook – und es kommen ständig neue dazu!
Checken Sie das aktuelle Angebot einfach auf: www.marcopolo.de/e-books

REGISTER

In diesem Register sind alle im Reiseführer erwähnten Orte und Ausflugsziele aufgeführt. Gefettete Seitenzahlen verweisen auf den Haupteintrag.

SCHREIBEN SIE UNS!

Egal, was Ihnen Tolles im Urlaub begegnet oder Ihnen auf der Seele brennt, lassen Sie es uns wissen! Ob Lob, Kritik oder Ihr ganz persönlicher Tipp – die MARCO POLO Redaktion freut sich auf Ihre Infos.
Wir setzen alles dran, Ihnen möglichst aktuelle Informationen mit auf die Reise zu geben. Dennoch schleichen sich manchmal Fehler ein – trotz gründlicher Recherche unserer Autoren/innen. Sie haben sicherlich Verständnis, dass der Verlag dafür keine Haftung übernehmen kann.

MARCO POLO Redaktion
MAIRDUMONT
Postfach 31 51
73751 Ostfildern
info@marcopolo.de

IMPRESSUM
Titelbild: Santa Monica, Strand (gettyimages: E. Davies)
Fotos: 111 Minna Gallery: Daniel Kokin (19 u.); AWL Images: D. Delimont (17, 95), T. Mackie (20/21), S. Politi Markovina (76/77), M. Simoni (97); W. Dieterich (30, 48, 61, 66, 69, 123); DuMont Bildarchiv: Heeb (6, 31, 46, 56/57), Piepenburg (28 l., 55); gettyimages: E. Davies (1); huber-images: C. Dutton (52), Eisele-Hein (110), Kremer (74/75, 83), S. Kremer (12/13), T. Mackie (100/101), S. Parisi (80), Ripani (72), Giovanni Simeone (Klappe l., 34, 112/113), R. Spila (11); © iStockphoto: Sibel A. Roberts (18 u.), Polina Yun (19 o.); Laif: Heeb (107), Modrow (41); Laif/Aurora (122 o., Benson (7); Laif/hemis.fr (98); Laif/Redux: Flores (85); mauritius images: Kinne (14/15), Schön (86/87), Vidler (88, 120), Weber (30/31); mauritius images/age (22, 134/135); mauritius images/Alamy (2, 3, 5, 29, 43, 44/45, 51, 58, 65, 90, 92, 105, 114, 116/117, 118, 120/121, 121), R. Bishop (25), A. Pierce (62); mauritius images/Alamy/eye35.pix (4 o., 32/33); mauritius images/Alamy/McPhoto: Lovell (37); mauritius images/FreshFood (26/27); mauritius images/Image Source: B. Stevens (18 o.); mauritius images/Imagebroker: Rudi Sebastian (9), Siebert (70); mauritius images/Robert Harding (79); Adrienne Nunez (18 M.); Schapowalow/SIME: M. Rellini (38), M. Ripani (4 u.); T. Stankiewicz (Klappe r., 8, 10, 122 u.); K. Teuschl (1 u.); vario images/Design Pics (28 r.)

16., aktualisierte Auflage 2018

Chefredaktion: Marion Zorn
Autor: Karl Teuschl
Redaktion: Marlis v. Hessert-Fraatz
Verlagsredaktion: Lucas Forst-Gill, Susanne Heimburger, Johanna Jiranek, Nikolai Michaelis, Kristin Wittemann, Tim Wohlbold
Bildredaktion: Gabriele Forst
Im Trend: Karl Teuschl, wunder media, München
Kartografie Reiseatlas und Faltkarte: © MAIRDUMONT, Ostfildern
Gestaltung Cover, S. 1, Faltkartencover: Karl Anders – Büro für Visual Stories, Hamburg; Gestaltung innen: milchhof:atelier, Berlin; Gestaltung S. 2/3, Erlebnistouren: Susan Chaaban Dipl.-Des. (FH)
Sprachführer: in Zusammenarbeit mit Ernst Klett Sprachen GmbH, Stuttgart, Redaktion PONS Wörterbücher

Printed in China

FSC® www.fsc.org MIX Paper from responsible sources FSC® C124385

BLOSS NICHT

Zu guter Letzt einige Dinge, die Sie meiden sollten

WICHTIGE DINGE FALSCH EINSCHÄTZEN

Zu viel Sonne kann Ihnen leicht die Urlaubsfreude verderben. Vorsicht besonders in der Sierra Nevada, wo die Trails oft 3000 m über dem Meeresspiegel liegen, und erst recht in der sengenden Hitze des Death Valley. Auch eine falsch berechnete Distanz kann Verdruss bringen. Die Reise lässt sich genauer einschätzen, wenn Sie stets daran denken, dass eine Meile 1,6 km entspricht und der Verkehr in Amerika langsamer fließt als in Deutschland.

DEM JETLAG NACHGEBEN

Die Zeitverschiebung von neun Stunden zwischen Deutschland und Kalifornien kompensiert man innerhalb von zwei bis drei Tagen. Nach der Ankunft empfiehlt es sich, mit einem Spaziergang und frischer Luft gegen die übliche Bettschwere anzukämpfen und erst gegen 21 Uhr ins Bett zu gehen. Dem Jetlag beugen Flugerfahrene schon während der Reise vor: mit größeren Mengen Mineralwasser.

DEN VERKEHR UNTERSCHÄTZEN

Fahren Sie während der Rushhour in Los Angeles auf keinem *freeway*. Von 8 bis 10 Uhr und von 16 bis 18 Uhr sind die Autobahnen ein einziger Stau. Außerdem ist es ratsam, nicht an einem nebligen Tag nach Malibu oder bei Smog auf den Mulholland Drive oberhalb von Hollywood zu fahren.

LEICHTSINNIG SEIN

Meiden Sie nachts die Stadtteile, die für ihre Kriminalität berüchtigt sind (Los Angeles: South Central L. A., Watts, Teile von West Hollywood und Venice Beach); San Francisco: alle Parks und das Viertel Tenderloin.

WANDERWEGE VERLASSEN

Bleiben Sie in den Nationalparks auf den vorgeschriebenen Wegen, und vergessen Sie bei längeren Wildnistouren nicht, Namen, Uhrzeit und geschätzte Zielzeit am Startpunkt *(trailhead)* zu hinterlassen. So geben Sie den Rangern die Möglichkeit, nach Ihnen suchen zu können.

DEN PASS IM HOTEL LASSEN

Nicht weil er dort geklaut würde, sondern weil Sie häufig das Dokument brauchen: Mal fragt die Dame an der Kasse beim Einlösen von Reiseschecks nach der „ID" *(identification)*, mal der Barmann in der Kneipe, mal der Tankwart beim Kauf von Zigaretten oder Alkohol. Ohne „ID" geht nichts.

ALKOHOL IN DER ÖFFENTLICHKEIT TRINKEN

Trinken auf der Straße ist in den USA strikt verboten – Alkohol muss immer verpackt sein (meist in einer braunen Papiertüte). Autofahrer sollten absolut abstinent bleiben: Sonst zahlt beim Unfall die Versicherung nicht, und die Mietfirma könnte Ihre Kreditkarte mit dem kompletten Wagenwert belasten!